Cornelius Hartz

Glücksorte in Hamburg

Fahr hin und werd glücklich

Droste Verlag

Dieses Buch gehört

Liebe Glücksuchende,

unter Hamburgern ist es kein Geheimnis, dass Hamburg die schönste Stadt Deutschlands ist. Trotzdem freuen sie sich, wenn ihnen das quasi offiziell bestätigt wird – wie im Jahr 2016, als der „Economist“ in seinem alljährlichen „Global Liveability Ranking“ Hamburg als einzige deutsche Stadt zu den zehn lebenswertesten Städten der Welt zählte. Oder 2012, als ein Düsseldorfer Marktforschungsunternehmen eine Umfrage unter 180 Architekten durchführte, um die architektonisch schönsten Städte Deutschlands zu ermitteln. Platz eins: Hamburg. Oder bei der Eröffnung der Elbphilharmonie, der Bundeskanzlerin und Bundespräsident beiwohnten. Für ein Konzerthaus eigentlich recht ungewöhnlich, für die Hamburger nur folgerichtig – nicht umsonst glauben sie, in der „heimlichen Hauptstadt“ Deutschlands zu wohnen. Und wer ihre Meinung nicht teilt, den gilt es, davon zu überzeugen.

Natürlich ist das Gütesiegel „schönste Stadt Deutschlands“ – wahlweise sogar „schönste Stadt der Welt“ – in etwa so objektiv und sinnvoll wie der Titel „beste Band der Welt“, den sich „Die Ärzte“ vor ein paar Jahrzehnten gegeben haben. Doch hier wie dort gilt: Alle, die es genauso sehen, greifen es gern auf, und das ist in Hamburg rein statistisch tatsächlich ein besonders hoher Anteil der Bevölkerung. Woran das im Einzelnen festzumachen ist, muss jeder selbst wissen. Für manchen sind es die Musicals, für andere die Musik- und Clubszene, manche sehen vor allem die architektonischen Highlights. Oder die wirtschaftliche Infrastruktur. Oder die Schiffe und den Hafen. Oder die Natur – immerhin ist Hamburg die baumreichste Großstadt Europas. (Schon wieder ein Superlativ.)

Wie dem auch sei: Hamburg ist selbstverständlich voller „Glücksorte“, soviel dürfte bereits klar geworden sein. Und auch wenn die Auswahl in diesem Buch notwendigerweise streng subjektiv ist, so hoffe ich doch, dass sie Besuchern dieser Stadt genauso viel Spaß macht wie Hamburgern, „Quiddjes“ (= Zugezogenen) und allen, die sie ohnehin bereits lieben. Sie ist es wert.

Ihr Cornelius Hartz

Deine Glücksorte ...

ELISE
HAMBURG

... noch mehr Glück für dich

Lokal is king

1 *Das Kaufhaus Hamburg*

Seit 2012 gibt es diesen wunderbaren Laden, der fast nur Produkte verkauft, die in und um Hamburg hergestellt werden. Das Sortiment hat sich seitdem allerdings ein wenig verändert: Zu Beginn setzte das Team rund um Inhaber Bastian Hertel auf hochpreisige High-End-Produkte – so gab es unter anderem eine edle Armbanduhr, die eigens für das „Kaufhaus Hamburg" designt wurde. Doch im Laufe der Zeit kristallisierte sich immer mehr heraus, welche Artikel besonders gut liefen und wie überhaupt das Publikum aussah, das hier einkaufte. Das besteht nämlich bis heute zu gleichen Teilen aus Touristen, die ein ausgefalleneres Souvenir suchen als ein Buddelschiff oder ein T-Shirt mit „I ♥ Hamburg" darauf, und ganz normalen Hamburgern, die diesen Laden einfach liebgewonnen haben und gern lokale Produkte kaufen.
Das Geschäft selbst erinnert von der Aufteilung her an eine helle Altbauwohnung, und das macht auch einen Teil seines Charmes aus, genau wie das Sortiment, das so vielfältig ist, dass man ohne Ende stöbern kann. Im Angebot sind zahlreiche modische Accessoires, von Loopschals und Mützen vom „Atelier Steinkopf" aus dem Schanzenviertel über schicke Ohrringe von „Ilkajewels" in Winterhude bis hin zu handgenähten Taschen von „Minuk" aus Altona, außerdem gibt es Bücher vom Hamburger Independent-Verlag „Mairisch", Kosmetika von „Brooklyn Soap" aus Eimsbüttel, Postkarten auf Platt von „Labskaus Design" aus Wedel, stylishe Wohnaccessoires von „dekoop" aus St. Pauli und „Concrete Home Design" aus Poppenbüttel sowie Süßes aus der Barmbeker Manufaktur „Naschhafen" und den leckeren (und momentan schwer angesagten) Gin Sul von der „Altonaer Spirituosen Manufaktur". Und das ist längst nicht alles.
Alles, was es hier zu kaufen gibt, ist mit viel Liebe und Sorgfalt in kleinen Werkstätten und Ateliers entworfen und produziert. Massenware gibt es nicht, und die Beratung im Geschäft ist persönlich und nett. Man merkt sofort, dass alle, die hier arbeiten, mit viel Spaß bei der Sache sind. Und das ist durchaus ansteckend.

Kaufhaus Hamburg, Lange Reihe 70, 20099 Hamburg
www.kaufhaus-hamburg.de
ÖPNV: Bus 6, Haltestelle Gurlittstraße

#ALLES GUTE AUS DER STADT
DAS HAMBURG ALBUM

2 *Das Miniatur Wunderland in der Speicherstadt*

Man muss anstehen. Nicht nur am Eingang, um ein Ticket zu kaufen, sondern auch im Inneren des „Miniatur Wunderlands", immer wieder muss man anstehen, aber das lässt sich nun einmal nicht vermeiden: Seit Jahren führt diese alte Lagerhausetage in der Speicherstadt die Hitliste der Hamburger Touristenziele an. Sie scheint sogar jedes Jahr beliebter zu werden, und auch wenn immer wieder neue Abschnitte geplant und gebaut werden, wird dies offenbar lediglich dem weiter steigenden Andrang gerecht. Kaum jemand von außerhalb kommt einen in Hamburg besuchen und hat nicht zumindest vor, sich die größte Modellbahn-Anlage der Welt anzusehen.

Auch wenn heute wohl nur noch wenige Heranwachsende nach ihrem späteren Berufswunsch gefragt „Lokomotivführer" angeben, ist das „Miniatur Wunderland" vor allem bei Familien beliebt. Ganz gleich, um welche Tageszeit man herkommt, es ist immer voller Kinder, die mit großen Augen vor den Anlagen stehen. Da muss sich der Erwachsene manchmal zwangsläufig etwas gedulden, bis er einen freien Platz am Metallgeländer ergattern kann, das die Besucher von den Modellbaulandschaften trennt. Aber nur, wer ganz nah herangeht, kann schließlich sehen, mit welcher unglaublichen Detailfreude die Modellbauer die verschiedenen Landschaften gestaltet haben, die einen in die Alpen führen und nach Skandinavien, nach Italien, in den Harz und sogar in die USA.

Dabei sind die Eisenbahnen, wie ja auch bei vielen Hobby-Modellbauern, hier eigentlich gar nicht die wirklichen Stars, sondern die vielen kleinen Kunststofffiguren im Maßstab 1:87, die immer wieder neu in mehr oder weniger alltäglichen Szenen zu betrachten sind. Und die beeindrucken Menschen jeden Alters. Bei ihrem letzten Konzert in Hamburg verriet die britische Sängerin Adele ihren Fans, sie habe sich tagsüber das „Miniatur Wunderland" angesehen, und sie zeigte sich hellauf begeistert: „Das ist unglaublich", schwärmte sie, „das Beste, was ich je gesehen habe!"

Miniatur Wunderland, Kehrwieder 2–4, Block D, 20457 Hamburg
www.miniatur-wunderland.de
ÖPNV: Bus 111, Haltestelle Am Sandtorkai

Kurztrip nach Nordfrankreich

3 *Das bretonische Bistro „Ti Breizh"*

Seit einigen Jahren steht die Bretagne wieder hoch im Kurs, nicht zuletzt wegen der Bestseller-Krimis um den (ständig essenden) Kommissar Dupin. Zuletzt erschien als Begleitbuch zur Reihe sogar ein „Bretonisches Kochbuch". Und da haben die Macher nicht ganz Unrecht, denn die Bretagne hat kulinarisch einiges zu bieten. Aber Nachkochen hin oder her: Am besten genießt man die bretonische Küche direkt beim „Erzeuger", und der sitzt in Hamburg in einem der althamburgischen Bürgerhäuser in der wunderschönen denkmalgeschützten Deichstraße zwischen Altstadt und Hafen. Die Rede ist vom Restaurant „Ti Breizh" (ausgesprochen: „Ti Bräis"), das sich selbst als „Haus der Bretagne" apostrophiert.
Was hier auf den Tisch kommt, gibt es wirklich kaum irgendwo anders in der Hansestadt: Die Rede ist von Galettes, Pfannkuchen aus Buchweizenmehl, hauchdünn wie Crêpes und herzhaft belegt. Es gibt Galettes mit Miesmuscheln und Weißwein-Schalotten, mit Roquefort-Sauce und Walnüssen, mit warmem Ziegenkäse, Honig und Cassis-Zwiebelkonfitüre und und und … Eine Spezialität reiht sich an die andere. Und zum Nachtisch? Natürlich einen „echten" Crêpe, der hier zum Beispiel mit hausgemachter Zartbitter-Schokoladensauce, mit Kastaniencreme und Vanilleeis oder mit karamellisiertem Bratapfel serviert wird. Doch es gibt hier nicht nur Bretagne zum Schlemmen: Im vorderen Bereich des Restaurants befindet sich die „Boutique de la mer", wo man unter anderem die typisch bretonischen Streifenhemden und -pullover kaufen kann.

TIPP Die gesamte Deichstraße mit ihren Häusern aus dem 17. bis 19. Jahrhundert ist einen Besuch wert, genau wie der Cremon, die Fleethalbinsel östlich der Deichstraße, wo sich noch viele historische Speichergebäude finden.

Wer hierherkommt, fühlt sich schon ein wenig wie im Urlaub am Meer. Und das ganz besonders im Sommer, wenn es warm genug ist, um draußen zu sitzen. Denn da direkt hinter der Deichstraße der Nikolaifleet verläuft, sitzt man auf einem Ponton mitten im Wasser und kann den Booten zuschauen, die dann und wann den Fleet hoch- und runterschippern. Es empfiehlt sich tunlichst, vorher zu reservieren.

Ti Breizh – Haus der Bretagne, Deichstraße 39, 20459 Hamburg
www.tibreizh.de
ÖPNV: U3, Haltestelle Rödingsmarkt

Eine Seefahrt, die ist tanzbar

4 *Der schwimmende Club „Frau Hedi“*

Hafenrundfahrt kann jeder. Aber eine Fahrt durch den Hafen vom Abend in die Nacht, mit hipper Musik, kühlem Bier und super Stimmung? Das gibt es nur hier, bei „Frau Hedi“. Für Wasserratten und Hafenfreunde gibt es kaum einen besseren Ort zum Feiern und Tanzen. Ständig wechselnde DJs legen Indie, Rare Groove, Elektro oder Punk auf, manchmal spielt an Bord eine Band, es gibt sogar Spieleabende und Lesungen.
Seit 2003 bereichert diese Barkasse die Clublandschaft. Sie war damals sofort ein Riesenhit, und bald waren die Schlangen am Kai so lang, dass Verstärkung in Form einer weiteren Barkasse hermusste. Inzwischen sind es in der Hochsaison bis zu fünf, und wenn die „Frau Hedi“-Macher zum „Barkassenpogo“ laden, wird sogar auf zehn aufgestockt. Wie viele Boote unterwegs sind, hängt von der Jahreszeit und vom Wetter ab. War es früher ein reines Sommervergnügen, beginnt die Saison inzwischen schon im März. Die Nachfrage macht's möglich. Das Ganze funktioniert dann folgendermaßen: Los geht es meistens um 18 Uhr, dann legt die „Hedi“ an Brücke 10 der Landungsbrücken ab. Zu jeder vollen Stunde wird dann wieder der Kai angesteuert, um die, die genug haben, in die Nacht zu entlassen und neue Feierwütige aufzunehmen. Wenn mehrere Boote fahren, legen eines oder mehrere zusätzlich immer um halb ab und wieder an.
In den ersten Jahren hieß es noch, möglichst früh da zu sein, um nicht an Land zurückbleiben zu müssen, heute gibt es die Karten für die „Hedi“ schon vorher an mehreren Vorverkaufsstellen und im Internet zu kaufen. Aber Vorsicht: Die Tickets garantieren ein Mitkommen nur, wenn die Barkassen zum ersten Mal ablegen. Wenn die Fahrten danach ausverkauft sind, hilft auch die vorher erworbene Fahrkarte nichts. Je nach Wetterlage kommt man manchmal ohnehin nur bei der ersten Fuhre mit – wenn die „Hedi“ um sieben voll ist, wer steigt dann schon freiwillig um acht oder neun wieder aus? Zu späterer Stunde stehen die Chancen besser, wenn manche Gäste das Boot verlassen haben, um auf den Kiez weiterzuziehen.

MS Hedi, Landungsbrücken, Brücke 10, Innenkante, 20359 Hamburg
www.frauhedi.de
ÖPNV: S1/S3/U3, Haltestelle Landungsbrücken

Nomen est omen

5 *Kauf Dich Glücklich*

Fast ein wenig unscheinbar ist dieses Ladengeschäft im Schanzenviertel von außen, aber dafür ist es im Inneren dann umso gemütlicher. Ein ganz besonderes Shopping-Erlebnis erwartet einen hier, und das beginnt schon mit dem Laden selbst. Viele Geschäfte im quirligen Schanzenviertel waren früher einmal Parterrewohnungen, so auch „Kauf Dich Glücklich" in der Susannenstraße. Der Unterschied ist, dass diese Altbauwohnung ganz besonders verwinkelt war, und entsprechend ungewöhnlich ist dieser Laden nun geschnitten. Dies passt wunderbar zum Konzept dieser Minikette, das in dieser Filiale besonders gut zum Ausdruck kommt und in erster Linie eines bietet: eine Riesenauswahl. Hier gibt es zwar nicht alles, was das Shopper-Herz begehrt, das wäre wohl zu viel verlangt. Aber doch eine ganze Menge: Damen- und Herrenmode von angesagten, kleinen und großen europäischen Marken (vor allem aus Skandinavien), Taschen und Schuhe, Mützen und Schals, Schmuck und Naturkosmetik, Wohnaccessoires und viel witzigen Schnickschnack drumherum.

In den hellen Räumen mit weiß lackiertem Parkett ist die Kleidung nach Farbgruppen sortiert, und immer wieder finden sich auch unverkäufliche Details auf den Tischchen oder in den Regalen, wie speziell ausgesuchte Vintage-Reisebücher und Kunstbände, die einfach nur dazu da sind, visuelle Akzente zu setzen. Die im Laden verteilten Retro-Bonbongläser mit kleinem Spielzeug sind ein weiterer netter Touch.

Die Verheißung im Namen von „Kauf Dich Glücklich" wird in jedem Fall erfüllt – und nicht nur die Ausstattung und die Aufteilung des Concept Store tragen dazu bei, sondern auch und gerade die Tatsache, dass sich hier direkt zwischen ein paar teureren Designerstücken immer wieder auch echte Schnäppchen finden. So ist eben für jeden Geldbeutel etwas dabei. Und seien wir mal ehrlich: Auch den besser gefüllten Geldbeutel macht ein Schnäppchen ja hin und wieder glücklich, oder?

Kauf Dich Glücklich, Susannenstraße 4, 20357 Hamburg
www.kaufdichgluecklich-shop.de
ÖPNV: S/U/Bus, Haltestelle Sternschanze

DESIGN
STUDIO

Kurzgeschichten zum Kaffee

6 *Literatur-Quickie im „Tafelspitz“*

An jedem letzten Sonntag im Monat wird es voll im österreichischen Restaurant „Tafelspitz“, und zwar oft so voll, dass die Stühle an den Tischen nicht mehr ausreichen, sondern viele Hocker aufgestellt werden, damit die Besucher überhaupt noch Platz zum Sitzen haben. Das liegt aber ausnahmsweise nicht an den kulinarischen Genüssen (die es im „Tafelspitz“ allerdings auch in sich haben), sondern an den literarischen: Dann laden der Hamburger Krimi-Schriftsteller Gunter Gerlach und der Autor und Verleger Lou A. Probsthayn pünktlich um 16 Uhr zum „Literatur-Quickie“, bei dem fünf Autorinnen und Autoren aus ihren Werken lesen, jeweils eine Viertelstunde lang. Nach den ersten drei gibt es eine Pause, damit sich jeder mit frischem Kaffee und leckerem Kuchen versorgen kann.
Die Mischung stimmt: Hier treffen regelmäßig „alte Hasen“ (und „Häsinnen“) wie Simone Buchholz und Tina Uebel auf erfolgreiche Newcomer wie Kristine Bilkau, Benjamin Maack und Michael Weins – und auf junge Schreibende, die gerade erst den Schritt in den Literaturbetrieb wagen. So bunt gemischt wie die Autorinnen und Autoren ist auch das, was man zu hören bekommt: Kurzgeschichten, Kapitel aus Romanen, witzige und traurige Szenen, Auszüge aus unveröffentlichten Manuskripten und immer wieder aus Krimis. Es gibt nur eine Einschränkung: keine Lyrik. Die ist erfahrungsgemäß aber auch oft etwas, nun ja, schwierig, wenn sie lediglich vorgelesen wird. Natürlich variiert die Qualität der Darbietungen, aber Gerlach und Probsthayn haben ein gutes Händchen dafür, wen sie auf die (nicht unbeträchtliche) Warteliste derer lassen, die hier gerne lesen möchten. Doch es ist immer etwas zum Lachen dabei, etwas zum Nachdenken, und meistens macht man hier wirklich tolle literarische Neuentdeckungen.
Zu kaufen sind die Bücher, aus denen gelesen wurde, anschließend auch: Die Buchhandlung „Bücher & Co.“ ist immer mit einem Büchertisch vor Ort. Und wer will, kann sich sein Buch auch gleich signieren lassen. Der Autor ist ja auf jeden Fall anwesend.

Restaurant Tafelspitz, Himmelstraße 5, 22299 Hamburg
www.literatur-quickie-hamburg.de
ÖPNV: Bus 25 oder 109, Haltestelle Winterhuder Marktplatz

Nikon

Unter Tage, unter Wasser

7 *Spaziergang durch den Alten Elbtunnel*

Als vor über 100 Jahren der „St. Pauli Elbtunnel“ eröffnet wurde, war er eine echte Sensation – die Unterquerung eines Stroms wie der Elbe war nichts weniger als eine technische Meisterleistung, die für damalige Verhältnisse unerhört viel Geld und Arbeitskräfte verschlungen hatte. Noch vor seiner offiziellen Einweihung beschrieben die „Hamburger Nachrichten“ den Elbtunnel als „von den licht- und formenfrohen Mächten des modernen Zeitgeschmacks durchfluteten Zeitgedanken“. Es war eine Zeit der Neuerungen in der Literatur und der bildenden Kunst, und es war eine Ära der technischen Neuerungen. Im Jahr 1911, als der Elbtunnel eröffnet wurde, lief die „Titanic“ vom Stapel, und in München war der weltweit erste Fernsehapparat zu bestaunen. So wurde der Elbtunnel, als er fertig war, sofort zum Publikumsmagneten, und daran hat sich eigentlich bis heute genauso wenig geändert wie an der Technik, mit der die Besucher bis auf 24 Meter unter die Erde befördert werden: Im Kuppelbau an den Landungsbrücken besteigt man einen von vier Aufzügen, mit denen es in die Tiefe hinabgeht. Von hier aus führen dann zwei gekachelte Röhren auf 426 Metern Länge unter der Elbe hindurch, bis man auf der anderen Seite wieder an die Erdoberfläche gelangt. Dort in Steinwerder geht es heute so geschäftig zu wie damals, als sich immer mehr Werften und Zulieferbetriebe am Südufer der Elbe ansiedelten, was schließlich den Bau des Tunnels notwendig machte. Ganz aus dem Nichts kam die Idee indes nicht: Vorbild für den Elbtunnel war der (allerdings nicht annähernd so lange) Harbour Tunnel in Glasgow, von dem die Erbauer sich auch die Technik mit den Aufzügen abschauten. Dort kann der Besucher heute allerdings nur noch die runden Gebäude aus rotem Backstein bewundern, von wo aus man einst in den Tunnel gelangte. Besonders stimmungsvoll ist ein Spaziergang im Elbtunnel bei Nacht. Er ist rund um die Uhr geöffnet, und wer zwischen Kiezbummel und Fischmarkt noch etwas Zeit hat, macht nichts verkehrt, wenn er sich diesen umwerfenden Bau ansieht.

TIPP

Wer am südlichen Ende des Tunnels in Steinwerder wieder „das Licht der Welt erblickt“, kann den erlaufenen Appetit an einem urigen Imbisswagen stillen.

Alter Elbtunnel, Bei den St. Pauli-Landungsbrücken, 20359 Hamburg

ÖPNV: S1/S3/U3, Haltestelle Landungsbrücken

Mekka der To-go-Gourmets

8 *Das Food Truck Festival*

Vor ein paar Jahren schwappte ein neuer Trend aus den USA herüber: die „Food Trucks". Im Grunde sind sie – rein vom Konzept her – auch nichts anderes als die lange bekannten fahrbaren Wurstbuden auf Volksfesten oder Wochenmärkten. Aber was die Trucks beim mehrmals im Jahr im Herzen von St. Pauli stattfindenden „Food Truck Festival" bieten, ist viel raffinierter als das kulinarische Einerlei von früher. Seien es die gefüllten Maniok-Pfannkuchen der „Tapiocaria" oder die Veggie-Burger von „Vincent Vegan" – es ist eigentlich eine Schande, nach den Besuchen von höchstens drei Trucks satt zu sein und nicht alle anderen Köstlichkeiten auch noch probieren zu können. Oder keinen Platz im Bauch mehr zu haben für ein veganes Erdbeereis mit Popcorn von „Rolling Ice". Ein weiterer Pluspunkt neben der großen Auswahl ist, dass die meisten Anbieter nicht nur auf ausgefallene Zubereitung Wert legen, sondern auch auf hochwertige Zutaten. So setzen Wagen wie der „Hackbaron", „Holy Dogs" und „Hirsch + Eber" auf regionale Zutaten und Biofleisch. Das ist zwar etwas teurer als an der Wurstbude, aber dafür ja auch viel leckerer.

Das „Food Truck Festival" ist das größte Street-Food-Event Deutschlands. Neben den Lokalmatadoren reisen dazu Truck-Betreiber aus ganz Deutschland und sogar aus dem Ausland an – auch britische und spanische Wagen wurden schon gesichtet. Mein persönlicher Favorit: Helena Gleißners bunter Truck mit dem vielversprechenden Namen „Frau Dr. Schneider's Grilled Cheese Wonderland". Hier gibt es sozusagen Käsetoast für Fortgeschrittene, mit Bacon-Jam, Avocado und Rucola oder Pastrami aus Fleisch aus der Region: „Frau Dr. Schneider", die seit 2013 mobil unterwegs ist, hat immer wieder etwas anderes (aber immer ausgesprochen Leckeres) auf Lager.

Ein kleiner Trost für alle, die außerhalb der Festival-Saison nach Hamburg kommen: Den Rest des Jahres über findet jeden Donnerstag auf der westlichen Hälfte des Spielbudenplatzes die „Street Food Session" statt, so etwas wie eine abgespeckte Version des „Food Truck Festivals", mit etwas mehr als einer Handvoll Wagen.

Food Truck Festival, Spielbudenplatz, 20359 Hamburg, www.spielbudenplatz.eu

ÖPNV: S1/S3, Haltestelle Reeperbahn

FRAU DR. SCHNE
STAYCH
GRILLED CHEESE WON

Rausgucken und staunen

9 *Flanieren auf der Plaza der Elbphilharmonie*

Der Hamburger an sich ist traditionell ja eher pragmatisch. Sicher, es gab vieles an der Elbphilharmonie, das einen ärgern konnte – von dem Umstand, dass der Bau vom CDU-Senat ohne Einbeziehung der Bevölkerung verabschiedet wurde, über die explodierenden Baukosten bis hin zur Tatsache, dass Politiker schon im Vorfeld verkündeten, Hamburg würde ein neues Wahrzeichen erhalten – als ob in dieser Hinsicht irgendein noch so clever gestaltetes Gebäude dem Michel den Rang ablaufen könnte. Aber nun ist sie fertig und eröffnet, die Berliner und Stuttgarter dürfen staunen, dass es in Deutschland auch architektonische Großprojekte gibt, die tatsächlich abgeschlossen werden, und bei den meisten Hamburgern, auch den ganz kritischen, ist der Ärger inzwischen größtenteils verflogen.

Sie ist aber auch wirklich schön geworden. Der untere Gebäudeteil besteht aus einem ehemaligen historischen Kaispeicher und stellt eine direkte Verbindung zu den Lagerhäusern der nahen Speicherstadt dar, während die futuristische obere Hälfte aus Glas und Stahl auf die Neubauten der HafenCity im Osten verweist. Und dort, wo die beiden Hälften auf fast 40 Metern Höhe aufeinandersitzen, haben die Gestalter einen Raum eingerichtet, der Innenraum und Außenfassade verbindet und zugleich als Ort der Begegnung dient: die „Plaza". Für manch einen ist schon die Fahrt mit der über 80 Meter langen, geschwungenen Rolltreppe ein Erlebnis für sich.

Von der „Plaza" aus wird dem Besucher dank der umgebenden Glasfront ein wunderbarer 360-Grad-Blick auf Hafen und Stadt gewährt. Und nicht nur das: Durch einen 8 Meter hohen Bogen gelangt man auf die „Außenplaza", auf der sich die Elbphilharmonie einmal komplett umrunden lässt. Die „Plaza" kann man sich übrigens auch ansehen, wenn man in der (noch) notorisch ausverkauften Elbphilharmonie kein Konzert besucht. Für alle, die ein Auge für ästhetische, zeitgemäße Architektur haben, ein echter Glücksort.

Elbphilharmonie, Platz der Deutschen Einheit 1, 20457 Hamburg
www.elbphilharmonie.de
ÖPNV: U3, Haltestelle Baumwall

10 *Konditoreikunst bei „Willi's Cakes"*

Ein wahres Juwel ist dieses kleine Café in Eimsbüttel. Mit „Willi's Cakes" hat sich der junge Konditormeister Willi Bahlmann einen Traum erfüllt. Bereits mit zehn Jahren stand er in der elterlichen Küche und kreierte seine ersten Torten. Auch wenn ihn der Lebensweg zunächst auf andere Pfade führte, ist er am Ende doch wieder zu seiner eigentlichen Leidenschaft, dem Konditorhandwerk, zurückgekehrt. Und das mit solchem Erfolg, dass er neben der Erledigung von Direktaufträgen für den immer weiter wachsenden Kundenstamm, deren Hochzeiten oder Familienfeiern er mit seinen Werken versüßte, schließlich ein eigenes Café eröffnen konnte. Hier verwöhnt er seither die Stamm- und Laufkundschaft jeden Dienstag bis Sonntag mit ausgewählten Kostproben seiner Kunst: mit Torten und Tartes, hausgemachten Lütticher Waffeln und Crêpes, ausgefallenen Kuchen im Becher, Cookies und Macarons. Jede Woche wechselt das Angebot, doch was alle Kreationen gemein haben: Sie sind von höchster Qualität – und komplett bio. Nicht umsonst ist „Willi's Cakes" eine von nur zwei (!) zertifizierten Bio-Konditoreien in Hamburg. Alle verwendeten Eier stammen aus biologischer Freilandhaltung, die Schokolade kommt von Ökoanbaubetrieben, und das Obst bezieht Bahlmann von Bio-Produzenten aus der Region. Ein besonderer Tipp ist bei „Willi's Cakes" das Frühstück, mit hausgemachten Croissants und Brötchen ohne Zuckerzusatz, Omeletts, Biokäse, vom Chef persönlich gekochter Konfitüre oder Hafercrunch und Joghurt – natürlich ebenfalls hausgemacht.
Bis vor Kurzem hatte „Willi's Cakes" noch einen großen Nachteil: Seine erste Location im Eppendorfer Weg war so winzig, dass nicht einmal ein Dutzend Gäste dort Platz fand. Aber die richtig guten Geheimtipps bleiben eben nicht ewig geheim, und inzwischen hat Willi Bahlmann ein neues Zuhause für sein Café gefunden. Mit dem Umzug in die Lappenbergsallee hat sich das Platzangebot endlich vergrößert.
Zugegeben, es kann immer noch voll werden, aber was hier alles geboten wird, rechtfertigt es glatt, ein wenig zu warten. Und im Zweifelsfall lässt man sich halt etwas einpacken und genießt es unterwegs oder zu Hause.

Willi's Cakes, Lappenbergsallee 36, 20257 Hamburg, www.willis-cakes.de
ÖPNV: Bus 4, Haltestelle Sartoriusstraße

Auf du mit Schwein und Kuh

11 *Freilichtmuseum am Kiekeberg*

Selbst eingefleischte Stadtmenschen sehnen sich hin und wieder nach dem Leben auf dem Lande. In der Natur, mit guter Landluft, dort, wo man mit den Hühnern zu Bett geht und sich vom Hahnenschrei wecken lässt. Ferien auf dem Bauernhof liegen gerade bei Familien wieder hoch im Kurs, nicht zuletzt, weil die Kinder dort lernen, dass die Milch eben nicht aus der Tüte kommt, sondern aus dem Euter. Das lernen Groß und Klein auch hier, am Hang der zweithöchsten Erhebung der Harburger Berge. Und noch eine ganze Menge mehr: Wenn Sie schon immer wissen wollten, wie die Menschen früher hier in der Gegend, im Süden Hamburgs, in den Elbmarschen und der Lüneburger Heide gelebt haben, dann sollten Sie unbedingt das „Freilichtmuseum am Kiekeberg“ besuchen. Auf 12 Hektar Fläche wurden hier mehr als drei Dutzend historische Bauernhäuser und Wirtschaftsgebäude liebevoll und detailgetreu restauriert. Das älteste ist über 400 Jahre alt.

Viele Museen versprechen, dass bei ihnen Geschichte lebendig wird – am Kiekeberg wird dieses Versprechen auf ganz besondere Weise eingelöst: Neben zahlreichen im Originalzustand bewahrten Gerätschaften und Maschinen kann man rund um die alten Gebäude und Scheunen viele historische Nutztierrassen bestaunen, die man sonst selten zu Gesicht bekommt, vom Ramelsloher Blaubein-Huhn über die Pommersche Gans bis zum Schwarzbunten Niederungsrind, das seit 1750 in Norddeutschland gezüchtet wird. Ein Highlight für Kinder sind die buntgescheckten Bentheimer Schweine, die hier noch nach Herzenslust im Dreck wühlen dürfen.

TIPP Für alle Interessierten bietet die „Museumsakademie" Kurse von Bierbrauen bis Seifensieden an.

Nicht nur bei schlechtem Wetter lohnt ein Besuch des interaktiven „Agrariums“. Hier erfährt man alles darüber, wie das damals mit der Landwirtschaft und der Lebensmittelproduktion eigentlich genau funktionierte. Denn verklärt wird hier nichts: Auch wenn einen mitunter Nostalgie umweht, vermittelt das Ausstellungsgelände doch ein genaues Bild davon, dass das Landleben auch ganz unromantische Seiten hatte.

Freilichtmuseum am Kiekeberg, Am Kiekeberg 1, 21224 Rosengarten
www.kiekeberg-museum.de
ÖPNV: Bus 4244, Haltestelle Museum Kiekeberg

Notting Hill in Hamburg

12 *Einkaufen auf dem Isemarkt*

Dass der „Isemarkt“ immer wieder mit dem Londoner „Notting Hill Road Market“ verglichen wird, liegt nicht nur an seinem Standort im schicken Stadtteil Harvestehude am Nordende der Außenalster, sondern vor allem an Form und Lage: Mit knapp 900 Metern ist er der längste Wochenmarkt ganz Deutschlands, und obendrein verläuft er auf ganzer Länge unter einem 1912 errichteten stählernen U-Bahn-Viadukt. Das hat nicht nur den Vorteil, dass Marktstände und Besucher vor Regen geschützt sind, es verleiht dem Markt auch ein ganz spezielles Flair.
Um die 200 Händler bauen hier jeden Dienstag- und Freitagmorgen ihre Stände auf, und dann strömt schon früh das Publikum auf den Markt. Wer im Stadtteil wohnt, trifft hier unweigerlich Freunde und Bekannte. Gut, sich hier und da auf einen Kaffee und einen Klönschnack um einen Stehtisch versammeln zu können.
Manche Wochenmärkte – wie eben auch der „Isemarkt“ – sind heutzutage echte Publikumsmagneten, und das liegt sicherlich daran, dass sie ein ganz traditionelles und deshalb emotionales Einkaufserlebnis bieten. Die Art und Weise, wie die Waren angeboten werden, hat sich seit ein paar Hundert Jahren nicht verändert, aber hier steht trotz der außergewöhnlichen Lage nicht so sehr der Eventcharakter im Vordergrund, sondern ganz klar der Genuss. Neben der „normalen“ Marktware gibt es alles, was das Feinschmeckerherz begehrt, auch und gerade in Bioqualität – feine Hirschsalami, Olivenöl- und Senfvariationen, die glutenfreien Backwaren von „Der Dinkelmeister“ oder die Trockenfrüchte und Gewürze im „Natürlichen Aromagarten“ von Philip Daniel. Es gibt außerdem ausgefallenere Stände wie „Macky Messers Schleif-Kutsche“, wo fachkundig Messer geschliffen werden, oder den Stand von Sabine Zierl mit dem Schmuck ihrer Kollektion „¡Te Quiero!“. Und nicht zu vergessen Markt-Urgestein Rainer Raeder, der individuell beschriftete alte Rettungsringe verkauft – ein ganz besonderes Andenken an Hamburg.

TIPP

Nach dem Marktbesuch auf zum Sushi-Mittagstisch im „Ono by Steffen Henssler“ (nur einen Steinwurf entfernt), das nicht ganz so kostspielig ist wie Hensslers großes Restaurant, aber genauso lecker.

Isemarkt, Isestraße 1-73, 20144 Hamburg, www.isemarkt.com
ÖPNV: U3, Haltestelle Hoheluftbrücke oder Eppendorfer Baum

Stadtteil im Meer

13 *Die Insel Neuwerk*

Die Insel Neuwerk liegt vor Cuxhaven in der Deutschen Bucht und gehört zum Nationalpark Hamburgisches Wattenmeer. Schon die Anreise ist ein Erlebnis: Nach Neuwerk geht es nämlich per Pferdekutsche. Gut, mit dem Schiff geht es auch, von April bis Oktober fährt täglich die „MS Flipper" von Cuxhaven aus zur Insel. Doch viel spannender, stilechter und sogar schneller ist die Anreise per „Wattwagen": Bei Ebbe gibt das Meer nämlich das Watt zwischen Festland und Insel frei, und man kann die 10 Kilometer lange Strecke ganz gemütlich auf der von kräftigen Pferden gezogenen Kutsche zurücklegen. Wer mag, kann auch von Cuxhaven-Sahlenburg aus hinüberspazieren (Wattwandern regt die Durchblutung der Füße an und ist gut für die Beinmuskulatur!), sollte aber auf jeden Fall auf die Gezeiten achten. Auf halber Strecke stehen große Masten, eigens aufgestellt, damit sich von der Flut überraschte Wattwanderer darauf retten können. Eine beliebte Option bei beiden Varianten ist es, mit dem Schiff zurückzufahren. Wer sich hierfür entscheidet, kann je nach Tidenkalender etwa sechs bis sieben Stunden auf der Insel verbringen.

Und die lohnen sich vor allem für Naturliebhaber. Über 100.000 Besucher zählt die Insel jedes Jahr, viele davon sind Hamburger und Hamburg-Touristen, die den abgelegensten Stadtteil der Hansestadt sehen möchten. Verwaltungstechnisch ist Neuwerk nämlich tatsächlich ein Stadtteil Hamburgs und gehört zum Bezirk Hamburg-Mitte. 40 menschliche Bewohner hat die Insel und unzählige tierische – an die 30.000 Austernfischer bevölkern das Biosphärenreservat, und wer Glück hat, bekommt Besucher vom Festland wie Seeadler oder Löffler zu sehen. Neuwerk hat aber auch ein architektonisches Highlight zu bieten: den Anfang des 14. Jahrhunderts gebauten Großen Turm, der bereits als Wehrturm, Wohngebäude und Leuchtturm diente. Er ist das älteste Bauwerk an der ganzen deutschen Nord- und Ostseeküste, das keine Kirche ist.

27499 Insel Neuwerk
ÖPNV: Schiff oder Wattwagen ab Cuxhaven

Das Cake-Pop-Königreich

14 *Royale Törtchen in der Zuckermonarchie*

Wenn ein Cateringservice für Kuchen, Torten und Süßes so gut ist, dass daraus ein Konditorei-Café wird, welches wiederum so gut läuft, dass es nach zwei Jahren seine Fläche verdoppeln muss, so ist allein das schon ein bemerkenswerter Vorgang. Was die „Zuckermonarchie" aber zu einem echten Glücksort macht, das ist die Mischung aus Topqualität und Einfallsreichtum. Alles in dem 2013 eröffneten Café ist selbst gemacht, und zwar komplett aus sorgsam ausgewählten Zutaten. Aromen und Farbstoffe sind tabu, und in den Teig kommen ausschließlich Bioeier.
Was die Nachhaltigkeit betrifft, kann man hier also guten Gewissens schlemmen. Und auch in jeder anderen Hinsicht – auf die Kalorien darf hier nämlich niemand achten, das ist im Königreich der süßen Leckereien sozusagen von höchster Stelle untersagt. Denn andernfalls könnten sich die Gäste ja gar nicht durchprobieren und nicht würdigen, was die „Zuckermonarchie" alles im Angebot hat. Als da wären die Schoko-Cupcakes „Prince" mit Erdnussbuttercreme und Himbeersauce oder „König" mit flüssigem Karamellkern. Die Cake Pops „Cherry Blossom", „Brownie Nougat" oder „Oreo Cookie". Die Mousse-Törtchen „Prinz von Zamunda" mit Schoko- und Kokos-Mousse oder „Baron Banana Brownie" mit Nougatkern und Bananenchips. Ganz zu schweigen von den Macarons aus französischem Mandelbaiser mit Füllungen aus Brombeer- und Champagnercreme oder Karamell mit Fleur de Sel. Oder wie wäre es mit einem Tartelette à la „Princesse Poppyseed" mit Marzipan und Mohncreme oder „Queen Rosemary" mit Rosmarin und Heidelbeeren?
Ein kleiner Wermutstropfen ist lediglich, dass von all den Leckereien, die die „Zuckermonarchie" konzipiert hat und herstellt, immer nur eine Auswahl im Café verfügbar ist – vor allem am Wochenende kann genau der Cupcake, auf den Sie sich so gefreut haben, ausverkauft sein. Aber so ist das halt, wenn alles täglich frisch zubereitet wird. Zum Glück gibt es genug Ausweichmöglichkeiten.

TIPP

Der Renner beim wunderbaren Wochenend-Frühstück ist „Katharina die Große" für zwei auf einer dreistöckigen Etagere, mit Croissant, hausgemachter Konfitüre, Obstsalat, gekochtem Ei und einem leckeren Törtchen.

Zuckermonarchie, Taubenstraße 15, 20359 Hamburg
www.zuckermonarchie.de
ÖPNV: S1/S3, Haltestelle Reeperbahn; U3, Haltestelle St. Pauli

Vermächtnis des Sammlers

15 *Das Haus der Photographie*

„Fotografieren ist eine Art zu schreien, sich zu befreien – es ist eine Art zu leben." Diese Worte stammen von dem berühmten Fotografen Henri Cartier-Bresson, und längst hat die Welt der Kunst die Fotografie als eigenständige Kunstform anerkannt. Dennoch dauerte es eine ganze Weile, bis sie auch in Hamburg ein eigenes Domizil von internationalem Niveau erhielt, das dieser Kunstform seither mit ständig wechselnden großen Ausstellungen gerecht zu werden vermag: das „Haus der Photographie" in den Deichtorhallen.

Konzipiert wurde es von dem bedeutenden Fotografen, Galeristen, Sammler und Enthusiasten F. C. Gundlach, der zwar schon 2006, ein Jahr nach der Eröffnung des Hauses, als künstlerischer Leiter zurücktrat, aber weiterhin im Aufsichtsrat sitzt und den verdienstvollen Titel des Gründungsdirektors trägt. Seine weltberühmte Sammlung legendärer Bilder aus der Welt der künstlerischen und der Mode- und Aktfotografie war es, die als Grundstein für das Haus der Photographie fungierte. 8500 Arbeiten hatte er gesammelt, von Kunstfotografien der Jahrhundertwende über Modefotos der 1920er-Jahre bis hin zu Werken bedeutender Künstler der Nachkriegszeit, aber auch Werke bildender Künstler wie Andy Warhol, die sich mit dem Medium Fotografie auseinandersetzen.

TIPP Für das (etwas gehobenere) leibliche Wohl sorgt das Bistro-Restaurant „Fillet of Soul" gegenüber dem Haupteingang.

2003 übergab Gundlach seine Sammlung, der er das Motto „Das Bild des Menschen in der Photographie" gegeben hatte, als Dauerleihgabe den Deichtorhallen; zwei Jahre später war die südliche Halle umgebaut und zur Eröffnung bereit.

Diverse Ausstellungen gab es seither, die den Besuchern einen Überblick über Gundlachs Sammlung vermitteln. Daneben aber werden immer wieder Sonderausstellungen kuratiert, die die ganze Bandbreite dessen zeigen, was die Fotografie vermag. Und auch Grenzbereiche werden gestreift – so ist jedes Jahr im Oktober die Ausstellung „VISUALLEADER" ein absolutes Highlight, die „das Beste aus Zeitungen, Zeitschriften und Internet" zeigt und prämiert.

Deichtorhallen – Haus der Photographie, Deichtorstraße 1-2, 20095 Hamburg
www.deichtorhallen.de
ÖPNV: U1, Haltestelle Steinstraße

HAUS DER PHOTOGRAPHIE
DEICHTORHALLEN

The Joint is Jumpin'

16 *Swingende Zeitreise beim Sunday Stomp*

Jeden ersten Sonntagnachmittag im Monat wird das Kulturzentrum „Haus 73“ im Schanzenviertel zum Mittelpunkt aller, die sich für den Swing der 30er- und 40er-Jahre begeistern. Dann drehen sich hier Benny Goodman, Glenn Miller und Count Basie auf dem Plattenteller, und dazu wird Lindy Hop getanzt, der Tanz aus den 1930ern, als Duke Ellington noch persönlich im New Yorker „Cotton Club“ aufspielte und die jungen Leute auch hierzulande zum ersten Mal zu schneller, jazziger Musik so wild tanzten, dass die Nazis es schließlich unter Strafe stellten. Hamburg war damals die Hochburg der „Swingjugend“, die mit Musik, Tanz und Mode Widerstand gegen die NS-Ideologie leistete.

Seit Ende der 90er-Jahre ist die Hamburger Swingszene wieder sehr lebendig, es gibt diverse Vereine, DJs, ein Festival und viele, viele Fans. Der „Sunday Stomp“ existiert seit 2006, er ist die zweitälteste regelmäßige Swingtanz-Veranstaltung der Hansestadt. Der Eintritt ist frei, und wenn es um 16 Uhr losgeht, veranstaltet die „Swingwerkstatt“ zunächst einen Crashkurs für alle, die gern das Swingtanzen lernen möchten. Spätestens um fünf steht dann der erste DJ am Pult, und die erfahreneren Paare erobern langsam die Tanzfläche.

Für das leibliche Wohl sorgen die Bar „Galopper des Jahres“ (mit leckeren Craft-Bieren) und das „Café Schmidtchen“. Anders als die anderen Tanzveranstaltungen im „Haus 73“ findet der „Sunday Stomp“ im Erdgeschoss statt, direkt hinter der Glasfront – was zur Folge hat, dass auch viele Nicht-Swingtänzer spontan hineinschauen und den Laden bevölkern. Und das macht den Charme der Veranstaltung aus: Hier tummeln sich neben den „Profis“ auch Eltern mit Kindern, Schanzenbesucher, die einfach nur zuschauen wollen, und immer wieder Musikbegeisterte, die sich auf die Tanzfläche trauen, obwohl sie den Tanz gar nicht beherrschen. Doch das war schon in den 30ern die Devise des Lindy Hop: Es gibt keine falschen Schritte – nur neue Figuren.

TIPP Direkt im Anschluss an den „Sunday Stomp“ findet hier im Haus im ersten Stock ein gemeinsames „Tatort“-Gucken statt – eine der beliebtesten Veranstaltungen dieser Art in der Stadt.

Haus 73, Schulterblatt 73, 20357 Hamburg, www.dreiundsiebzig.de
ÖPNV: S/U/Bus, Haltestelle Sternschanze

SCHMIDTCHEN
Essen
Backwaren

Eine Fundgrube für Kreatives

17 *Der kunst kiosk auf St.Pauli*

„Dass es so etwas noch gibt!", möchte man ausrufen, wenn man diesen netten kleinen, gemütlichen Laden betritt, der allen Gentrifizierungsbemühungen zum Trotz seit 2009 den Hamburger Kiez bereichert. Das Wort „Kiosk" geht hier durchaus gar nicht fehl, meint aber weniger einen Ort, der Zeitschriften und Zigaretten verkauft, sondern ruft Erinnerungen wach an die vielen Dinge, die es früher im Kiosk gab – Süßigkeiten in den Bonbonschalen, Spielzeug in den Regalen, Kleinkram und Tinnef, vor dem wir als Kinder mit großen Augen standen.
Und große Augen bekommt man auch hier: Man kann gucken und gucken und findet doch immer noch etwas Neues. Alles hier stammt aus der Hand von Künstlerinnen und Künstlern, die im „kunst kiosk" das ideale Outlet für ihre kreativen Ideen gefunden haben. Heimlicher Star sind die Anhänger in Form von Glastropfen mit Sand und Wasser des Lieblingsstrands darin. Ein Wandabschnitt im hinteren Bereich des Ladens ist als wechselnde Ausstellungsfläche reserviert.
Betrieben wird der „kunst kiosk" von der Landschaftsgärtnerin und Grafikerin Johanna Hoffmann und der Illustratorin Ina Wasilew, und beide haben nicht nur ein untrügliches Gespür dafür, was sich in ihrem Geschäft anzubieten lohnt, sondern beraten und erklären und erzählen auf Wunsch alles über jeden, schließlich kennen sie alle Kunstschaffenden, deren Produkte sie hier verkaufen. Und was ist das nicht alles – von Streetartbildern und witzigen Buttons über Magnet-, Schlüsselbretter und Schmuck, Accessoires und Holzspielzeug bis hin zu einfallsreichen Upcyclingprodukten. Oder die handgemachten Miniwindräder, die ans Bremskabel des Fahrrads geklemmt werden. Manche Stammkunden kommen erst einen Tag vor Weihnachten her, um sich mit Geschenken für die ganze Familie einzudecken, wie Johanna Hoffmann erzählt. Denn sie sind sich sicher, im „kunst kiosk" für jeden etwas zu finden. Ein größeres Kompliment kann es für einen Laden, egal aus welcher Branche, kaum geben.

kunst kiosk, Paul-Roosen-Straße 5, 22767 Hamburg, www.kunstkiosk-hamburg.de
ÖPNV: S1/S3, Haltestelle Reeperbahn

HAMBURG
DU MICH AUCH!
She wasn't doing a thing that I could see, except standing there, leaning on the balcony railing, holding the universe together.
J.D. Salinger
GLÜCK
IF MEN "HATE THE SIGHT OF YOU"... READ THIS...
THOUSANDS OF SKINNY GIRLS GAIN 10 to 20 LBS.—QUICK!
she slept with wolves without fear, for the wolves knew a lion was among them.
r.m. drake
CHINA
Liebe

Fica à vontade!

18 *Das Portugiesenviertel*

Einer der wahrhaftigsten Glücksorte rund um den Hamburger Hafen ist das „Portugiesenviertel". In der Ditmar-Koel-Straße und drumherum, zwischen Landungsbrücken und Michel, siedelten sich in den 1960er-Jahren zahlreiche „Gastarbeiter" an, die Jobs im Hafen hatten, und zwar in erster Linie Menschen aus Portugal. Zwar mag man beim Thema Migration nach der Wirtschaftswunderzeit zunächst an Türken, Italiener und Griechen denken, doch die Portugiesen stellten in Hamburg anteilig eine besonders große Gruppe dar. Bei einer so traditionsreichen Seefahrernation wie Portugal wird das auch niemanden wundern, zumindest wenn es um den Hamburger Hafen geht und um angegliederte Betriebe, wo viele „Gastarbeiter" tätig waren, wie Segel- und Taumacher. Überhaupt ist Portugal eine echte Auswanderernation: Man schätzt, dass heute auf jeden Einwohner des Landes ein Portugiese kommt, der im Ausland lebt. Auch Armando Rodrigues de Sá, der 1964 als „millionster Gastarbeiter" in der Bundesrepublik begrüßt wurde, stammte aus Portugal.

Wenn so viele Auswanderer aus ein und demselben Land auf engem Raum leben, entstehen zwangsläufig auch gastronomische Einrichtungen, die die Herkunft der Anwohner widerspiegeln. Hinzu kam, dass mit der einsetzenden Rezession Ende der 1960er-Jahre viele Hafenarbeiter ihre Stelle verloren und sich umorientieren mussten. Und so gibt es heute im „Portugiesenviertel" die größte Dichte iberischer Restaurants, Bodegas und Cafés in ganz Deutschland. Daneben haben sich in dem quirligen Quartier, das vor allem im Sommer eine beliebte Anlaufstelle für Hamburger und Touristen gleichermaßen ist, diverse Galeristen und Designer angesiedelt. Es gibt also einiges zu gucken. Um das Viertel richtig kennen- und lieben zu lernen, empfiehlt sich eine geführte Tour: Der Rundgang „Unterwegs im Hafendorf" des Hamburger Gästeführer Vereins e. V. vermittelt interessante Eindrücke und endet ganz stilecht in einem portugiesischen Restaurant bei Fischplatte und Vinho Verde.

TIPP In den skandinavischen Seemannskirchen in der Ditmar-Koel-Straße gibt es in der Vorweihnachtszeit Weihnachtsbasare – und in der dänischen Kirche das unterhaltsame Advents-Bingo mit landestypischen Preisen.

Ditmar-Koel-Straße, 20459 Hamburg, www.portugiesenviertel-hamburg.de
ÖPNV: S1/S3, Haltestelle Landungsbrücken

Restaurant
3

Die Shopping-Alternative

19 *Die Marktstraße im Karoviertel*

Das Karolinenviertel, liebevoll „Karoviertel“ genannt, ist eines der letzten Quartiere der Stadt, die man noch „alternativ“ nennen darf. Das Schanzenviertel wird immer schneller gentrifiziert, auch in Ottensen wohnen bald nur noch Besserverdiener. Doch wenigstens hier, zwischen Feldstraße und Messehallen, scheint die Zeit noch ein wenig stillzustehen: in der und um die Marktstraße. Die Einfahrten zu den Hinterhöfen der Altbauten sind mit Streetart bedeckt, die Cafés sind noch nicht von multinationalen Ketten übernommen, und in den Erdgeschossen und Souterrains reiht sich ein spannender kleiner Laden an den nächsten.

Die meisten der vielen inhabergeführten Geschäfte in der Marktstraße wie „Elternhaus“, „marmeladenbrot“, „Alpenglüh'n“ oder „Mifalda“ verkaufen zeitgemäße Kleidung und Accessoires, vielfach von lokalen Designern. Dazwischen gibt es auch immer wieder Vintage- und Second-Hand-Klamotten. Mitunter kauft man auch direkt bei der Modeschöpferin, so im Geschäft von Annette Rufeger. Wer es noch eleganter mag, der geht zu „Garment“ mit seiner eigenen Linie an „Alltagsglamour“-Mode aus Harris Tweed, Loden oder Seide. Wirklich legendär ist inzwischen der Laden des Modelabels „Herr von Eden“ mit seiner von den 1930er-Jahren inspirierten Herrenmode. Ansonsten findet man im „Glory Hole Shop“ Sneakers, schicke Schuhe bei „Sophie the Cat“, Vinyl bei „Groove City“. Das „Shirtlab“ bietet interessant bedruckte Langarm- und T-Shirts an, bei „Endhemd“ gibt es ausschließlich stylishe Herrenoberhemden mit ausgefallenen Mustern und im „Lockengelöt“ witzige Upcycling-Produkte, Antiquitäten und Gebrauchskunst.

Pause machen vom Shoppen ist natürlich auch erlaubt, zum Beispiel im „Yoko Mono“, wo nicht nur Shopping-Queens und -Kings ab mittags Kaffee trinken und nachts wechselnde DJs auflegen. Oder im Pâtisserie-Café „Gretchens Zuckerbude“ mit den leckersten Kuchen und Tartes im Viertel. Alles in allem ist die Marktstraße zwar kein Geheimtipp, aber eine wunderbare und vor allem entspannte Alternative zu Mönckebergstraße & Co.

Marktstraße, 20357 Hamburg
ÖPNV: U3, Haltestelle Feldstraße

Bis die Sonne untergeht

20 *Die Freilichtbühne im Stadtpark*

Die „Freilichtbühne im Stadtpark“ ist die einzige regelmäßig genutzte Hamburger Location für Pop- und Rockkonzerte unter freiem Himmel. Die Vor- und Nachteile kann sich jeder leicht ausrechnen, aber wie heißt es so schön: Es gibt kein schlechtes Wetter, sondern nur falsche Kleidung. Und so hat der erfahrene Besucher stets eine leichte Regenjacke im Rucksack – selbst dann, wenn beim Losfahren (noch) die Sonne scheint.

Die Freilichtbühne ist seit Jahrzehnten einer der beliebtesten Hamburger „Konzertsäle“, wenn man so will. Und zwar nicht nur bei den Fans, sondern auch bei manchen der Auftretenden: Eine Handvoll Künstler kommt mit steter Regelmäßigkeit jedes Jahr in den Stadtpark, zum Beispiel Dieter Thomas Kuhn, Helge Schneider und der Lokalmatador Lotto King Karl. Doch selbst wenn der „Stadtpark“ mit 4000 Besuchern ausverkauft ist, gibt es kaum Gedränge. Zuhörer und Zuschauer können auch 6 Meter von der Bühne entfernt noch ganz gemütlich beieinanderstehen, und es ist auch kein Problem, zwischendurch Bier holen zu gehen – sie kommen immer ganz einfach an ihren Platz zurück, ohne jemanden anzurempeln oder auf Füße zu treten. Gegen Ende der Saison hat die Location dann noch einen ganz besonderen Nebeneffekt: Je nachdem, wie lange ein Konzert dauert, geht es oft im Taghellen los, und bei der Zugabe ist dann bereits die Nacht hereingebrochen. Die Wirkung ist großartig – welche Veranstaltung liefert sonst live den Sonnenuntergang mit?

Der „Stadtpark“ hat zahllose Stars gesehen. Doch das wohl legendärste Event fand 1999 statt, als Hamburg die Hauptstadt des deutschen Hip-Hop war. Unter dem Motto „Flash 99“ trat an einem Tag die gesamte Crème de la Crème des Genres auf, von den Beginnern bis Fettes Brot. Es hatte schon ähnliche Veranstaltungen in der „Markthalle“ gegeben, und im Jahr 2000 zog das „Flash“-Festival dann wegen der großen Nachfrage ans Millerntor um. Doch vom „Flash 99“ spricht man in der Szene heute noch – der Stadtpark ist und bleibt eben ein ganz besonderer Ort für ganz besondere Momente.

TIPP

Mancher, der nur zuhören möchte, spart sich den Eintritt und setzt sich einfach während eines Konzerts auf die Wiese dahinter. Durch die hohe Hecke ist immer noch das meiste von der Musik zu hören – ein toller Picknick-Anlass.

Saarlandstr. 71, 22303 Hamburg, www.hamburgerstadtpark.de/buehne
ÖPNV: S1, Haltestelle Alte Wöhr (Stadtpark)

OPEN AIR

Fischbude deluxe

21 *Ahoi by Steffen Henssler*

Seit er regelmäßig im Fernsehen zu sehen ist, kennt jeder „den Henssler". An seinen Restaurants – „Henssler & Henssler" am Hafen und „Ono" in Hoheluft – kommt, wer gerne Fisch isst, einfach nicht vorbei. Dass sich in diesem Buch stattdessen das „Ahoi" als Glücksort findet, liegt vor allem daran, dass es so niedrigschwellig und unprätentiös ist. Ein Mittelding aus Fischrestaurant und Hamburgerbude wollte Steffen Henssler zusammen mit seinem Bruder Peter hier in der Einkaufsstraße am Hauptbahnhof eröffnen, und das Konzept ist 100-prozentig aufgegangen.

Beim „Ahoi" muss niemand – anders als im „Henssler & Henssler" – Wochen vorher reservieren. Geht auch gar nicht, selbst wenn man möchte. Man kommt herein, setzt sich und genießt die fantastischen Gerichte von der Karte, die im „Ahoi" ausnahmsweise nicht nur Fisch (hier gerne als Burger) und Sushi bietet, sondern auch Teriyaki-Hähnchen und ein echtes Wiener Schnitzel. Und wenn es doch einmal voll und kein Tisch frei ist, muss trotzdem niemand leer ausgehen: Für alle, die nur schnell etwas „auf die Hand" möchten, gibt es vorne am Eingang den Imbiss zur Express-Verkostung, mit *Fish & Chips* und Süßkartoffelfritten.

Ich will nicht verschweigen, dass seit Eröffnung des „Ahoi" in Hamburg ein Glaubenskrieg tobt, zwischen Alt und Neu beziehungsweise zwischen Tradition und Moderne. Denn genau an dieser Stelle befand sich vor dem „Ahoi" eine Filiale der legendären Fischbratküche „Daniel Wischer", die seit 1924 in Hamburg residiert. Die gibt es zum Glück immer noch, an ihrem Hauptsitz in der Steinstraße sowie zwei weiteren Fillialen, am Rathaus und im Flettschlösschen (S. 66), und dort gibt es auch nach wie vor den Hamburger Pannfisch mit Fassbrause. Dennoch, für viele Hamburger – so auch für mich – war der Besuch eben gerade bei diesem „Daniel Wischer" in der Spitalerstraße nun einmal mit lebhaften Kindheitserinnerungen verbunden. Aber die Zeit bleibt nicht stehen. Einen Besuch wert ist auf jeden Fall beides.

TIPP Der Stammsitz von „Daniel Wischer" befindet sich in der Steinstraße 15. Mehrere Generationen von Hamburgern schwören auf die älteste Fischbratküche der Stadt.

Ahoi by Steffen Henssler, Spitalerstraße 12, 20095 Hamburg
www.ahoibysteffenhenssler.de
ÖPNV: S/U/Bus, Haltestelle Hauptbahnhof

Krimskrams und Comics

22 *Pappnase & Co.*

Mitten im Univiertel liegt dieses Geschäft, das für viele aus ganz unterschiedlichen Gründen eine echte Institution ist: „Pappnase & Co." ist der Laden, wo fündig wird, wer noch ein Gimmick für ein Geburtstagspäckchen oder einen Adventskalender braucht. Wenn man für den Kindergeburtstag noch einen Zaubertrick oder ausgefallene Deko sucht. Wenn man eine Glückwunsch- oder Grußkarte benötigt, die tatsächlich lustig ist. Wenn man im Univiertel Comics kaufen will. Wenn einem der Jonglierball kaputtgegangen ist.

Anfang der 1980er-Jahre stellten vier befreundete Sport- und Pädagogikstudenten die erste professionelle Produktion von Jonglierartikeln in Deutschland auf die Beine – eine Firmengründung, die rein aus der Not geboren war: Es gab in Deutschland bis dahin einfach keinen guten Vertrieb von Bällen, Keulen etc., mit denen der Fachmann jonglieren konnte. Die Freunde waren gezwungen, sich das meiste davon selbst zu basteln. Warum das Ganze also nicht professionell aufziehen und ein Unternehmen daraus machen? So wurde „Pappnase & Co." geboren. Zunächst eröffneten die Freunde einen Laden für Jonglierartikel, die sie damals noch in Heimarbeit herstellten. Das Geschäft lief gut, und so expandierten sie und boten neben den Artistikmaterialien bald auch Scherzartikel, originelles Kleinspielzeug, Deko- und Faschingsartikel an. Es war eine echte Marktlücke, nach wenigen Jahren gab es bereits Filialen in anderen Städten. Parallel wurde die Produktion erweitert – heute ist ein Ableger von „Pappnase" der größte europäische Clownsnasen-Hersteller.

Ende der 1980er zog „Pappnase & Co." von Altona an die Uni um. Das neue Ladengeschäft am Grindel war allerdings so groß, dass beschlossen wurde, einen Partner mit ins Boot zu holen, und seitdem besetzt „Comics Total" den hinteren Teil des Ladens. In Hamburg sind echte Comicläden rar gesät, und dieser hier, der vor allem deutsche und frankofone Titel sowie Graphic Novels anbietet, ist für Comicfans ein echter Glücksfall.

Pappnase & Co., Grindelallee 92, 20146 Hamburg, www.pappnase.de
ÖPNV: Bus 4/5, Haltestelle Grindelhof

The
ntertainer
AMBASSADEURS
aristide
BRUANT
Rizzy's
Yesterday
Que Sera Sera

Mekka für Pflanzenfans

23 *Der Loki-Schmidt-Garten*

Fast 200 Jahre ist es her, dass in Hamburg der Botanische Garten eingerichtet wurde. Wann sich im Volksmund der Name „Planten un Blomen" für die Anlage durchsetzte, ist unklar. Doch immerhin kennen wir den ersten damals gepflanzten Baum: eine Platane, die noch immer steht – beim Eingang am Dammtorbahnhof. Im Laufe der folgenden knapp 100 Jahre wurde der 1859 verstaatlichte Park immer mehr vergrößert, bis er 1919 in den Besitz des Biologischen Instituts der Universität überging. 1973 nahm man die Internationale Gartenbauausstellung zum Anlass, den Botanischen Garten nach Klein Flottbek im Westen Hamburgs zu verlegen. Das dortige Gelände schien geeigneter für die Zwecke der biologischen Forschung, und aus „Planten un Blomen" wurde ein Freizeitareal. Nur die großen Tropengewächshäuser, die erst zehn Jahre alt waren (und anlässlich der letzten IGA in Hamburg gebaut wurden), ließ man an Ort und Stelle. So hat der Botanische Garten heute zwei Standorte: die Gewächshäuser in den Wallanlagen und das 24 Hektar große Freigelände in Klein Flottbek. Im Jahr 2012 wurde dieser „Neue Botanische Garten" umbenannt, und zwar nach der zwei Jahre zuvor verstorbenen Ehefrau vom Helmut Schmidt. Seit der Zeit, als ihr Mann Bundeskanzler war, hatte sich Loki für den Naturschutz und insbesondere für den Botanischen Garten eingesetzt.

Wer die Natur liebt, der muss den „Loki-Schmidt-Garten" einfach gesehen haben. Neben Klassikern wie einem Rosen- und einem Heilpflanzengarten halten die einzelnen Abschnitte des Freigeländes so manche Überraschung parat: zum Beispiel einen Wüstengarten, eine spezielle Abteilung für Pflanzen der Bibel, eine Rhododendronabteilung und das Themengebiet „deutscher Wald". Besonders reizvoll für historisch interessierte Pflanzenfreunde ist die Rekonstruktion eines altniederdeutschen Bauerngartens, komplett mit Bauernkate. Einen Besuch wert ist außerdem der große blaue Würfel, der das „Loki-Schmidt-Haus" beherbergt, ein Museum für Nutzpflanzen mit umfangreicher Sammlung.

Loki-Schmidt-Garten, Ohnhorststraße, 22609 Hamburg, www.bghamburg.de
ÖPNV: S1, Haltestelle Klein Flottbek

Trödel ohne Ramsch

24 *Der Flohmarkt am Immenhof*

Auf Flohmärkten kann ich stundenlang herumlaufen, selbst wenn ich gar nichts kaufe. Sie haben eine ganz besondere Atmosphäre, die ich nirgendwo anders finde. Vielleicht liegt es an den vielen schönen alten Sachen, die überall herumstehen. An der Nostalgie, die lange nicht gesehene Brettspiele, uralte Zeitschriften oder Schallplatten in mir auslösen. Vielleicht ist es aber auch ganz allgemein die Stimmung, die Hoffnung auf das nächste Schnäppchen, die in der Luft liegt, die Lust am Feilschen und Handeln … Und wenn dann auch noch das Drumherum stimmt, ist das natürlich umso besser.
Als „schönster Flohmarkt Hamburgs“ wird der vier Mal im Jahr stattfindende Flohmarkt am Immenhof immer wieder apostrophiert, und recht haben die Macher: Von den Dutzenden Floh-, Trödel- und Antikmärkten, die regelmäßig in ganz Hamburg veranstaltet werden, ist dieser auf der Straße mit dem zauberhaften Namen „Immenhof“ etwas ganz Besonderes. Das liegt einerseits an seiner herrlichen Lage auf der Uhlenhorst (so die korrekte Bezeichnung – und nicht etwa „in Uhlenhorst“, wie die Bewohner dieses semimondänen Stadtteils rechts der Außenalster wissen). Die Stände werden oberhalb des Kuhmühlenteichs aufgebaut, vor der Kulisse der historischen St.-Gertrud-Kirche und unter großen Bäumen, die Verkäufern und Publikum im Sommer Schatten spenden und im Herbst Schutz vor Nieselregen bieten. Zum anderen liegt es aber daran, dass dies sozusagen ein „echter“ Flohmarkt ist: Anbieter von Neuware sucht man hier nämlich vergebens – einen Stand kann nur mieten, wer Flohmarktware oder Antiquitäten anbietet. Und so bleiben einem die vielen ausladenden Stände mit billigem Elektroramsch und Werkzeug erspart, die viele Flohmarktgänger bei den Riesenveranstaltungen auf den Parkplätzen von Baumärkten oder Möbelhäusern sonst oft so nerven. Auch daran mag es liegen, dass einem das Publikum hier insgesamt ein wenig entspannter vorkommt als anderswo. Und das ist ein weiterer Punkt, der den Immenhof-Flohmarkt zu etwas ganz Besonderem macht.

Immenhof 1-18, 22087 Hamburg, www.alstermediateam.de
ÖPNV: Bus 173, Haltestelle Uferstraße

JOHN GRISHAM
KRÄHEN MÄDCHEN
JOJO MOYES
ELIZABETH GEORGE
Im Angesicht des Feindes
Lawrence Norfolk

Liegestuhl und Lagerfeuer

25 *Der Beach Club „StrandPauli“*

Zehn, zwölf Jahre ist es her, da ging es los mit den Beach Clubs. In allen europäischen Großstädten, die nicht am Meer liegen – also den weitaus meisten –, wollte man diesen Umstand nicht länger hinnehmen. Findige Unternehmer mieteten in den Innenstädten Grundstücke, ließen kubikmeterweise hellen Sand ankarren, platzierten ein paar Dutzend Liegestühle darauf, dann noch schnell eine mit Bambus verkleidete „Strandbar“, ein paar Blumenkübel mit Palmen hingestellt und Reggae oder Sommerhits aus dem Lautsprecher – fertig war ein Stück Strand in der City. Zwar ohne Meer und oftmals im Schatten von hohen Mietshäusern oder Ähnlichem gelegen, aber immerhin.
So trug es sich auch in Hamburg zu. Ein paar der älteren Beach Clubs haben inzwischen wieder dichtgemacht, andere sind zur Institution geworden, nicht zuletzt dieser hier. Aber was das „StrandPauli“ zum Glücksort macht, ist die Tatsache, dass es im Grunde genommen schon wieder gegen eine der „Regeln“ der Beach Clubs verstößt: die fehlende Nähe zum Wasser nämlich. Insofern ist das „StrandPauli“ schon fast eine richtige Strandbar. Sicher, der Sand hier ist nur aufgeschüttet, und ein paar Kilometer die Elbe hinunter sitzen Beach-Fans zum Beispiel bei der „Strandperle“ auch am richtigen Sandstrand. Aber eben nicht so zentral, nicht auf St. Pauli, nicht direkt bei den Landungsbrücken.
Klar, dass dieser hier einer der beliebtesten und damit auch überlaufensten Beach Clubs der Hansestadt ist. Aber dafür hat er inzwischen auch nicht nur im Sommer, sondern das ganze Jahr über geöffnet, zumal es hier auch einen – selbstverständlich auf Südsee getrimmten – gemütlichen überdachten Bereich gibt. Und mitten im Winter, beim Strandfeuer im Sand oder drinnen am Holztisch, schmeckt der Pulled Pork Burger noch mal so gut. Dann gibt es dazu eben ausnahmsweise – für den, der mag – statt Astra oder Caipirinha einen Glühwein. Als Hamburger ist man ja von Haus aus flexibel. Zumindest was das Wetter angeht.

StrandPauli, St. Pauli Hafenstraße 89, 20359 Hamburg, www.strandpauli.de
ÖPNV: Bus 111, Haltestelle Bernhard-Nocht-Straße

kein
mensch
ist
illegal

Ein Fest für Augen und Ohren

26 *Die Wasserlichtkonzerte*

Wer in den Sommermonaten abends durch „Planten un Blomen" schlendert, der tut gut daran, sich ein wenig Zeit zu nehmen. Zu gucken gibt es in Hamburgs abwechslungsreichstem Park ja ohnehin eine Menge, aber von Mai bis September hat er etwas ganz Besonderes zu bieten: Dann werden die Wasserlichtkonzerte veranstaltet, und im großen Fontänenbecken mitten im Park spielen sich erstaunliche Szenen ab.

Schon um zwei, um vier und um sechs Uhr nachmittags sind die Wasserspiele zu bestaunen, bei denen nach einer ausgeklügelten Partitur Wasser aus dem Becken in die Höhe steigt – bis zu 36 Meter hoch, so viel wie ein zwölfstöckiges Gebäude. Auch das ist bereits sehenswert, doch wenn der Abend hereinbricht, beginnt sich die Wiese vor dem Becken langsam mit Besuchern zu füllen. Viele haben Decken und Picknickkörbe mit und warten gespannt ab, bis um 22 Uhr die *Fanfare for the Common Man* ertönt – der traditionelle Startschuss für ein Spektakel der ganz besonderen Art. Dann nämlich wird das legendäre „Lichtklavier" in Gang gesetzt, und es gesellt sich zu dem Wasserkünstler, der zu den Klängen klassischer Musik die knapp 100 Düsen orchestriert, ein Lichtkünstler, der die kunstvollen Fontänen zusätzlich mit über 750 Scheinwerfern in Szene setzt. Wenn der jetzt schon staunende Besucher Glück und Petrus ein Einsehen hat, tut sich darüber dann der Sternenhimmel auf. Eine atemberaubendere Kulisse kann es nicht geben.

Die Wasserlichtkonzerte haben Tradition. Seit 1938 gibt es hier eine Wasserfontäne, und anlässlich der ersten Internationalen Gartenbauausstellung 1953 experimentierte man zum ersten Mal mit farbigen Scheinwerfern, die das emporschießende Wasser anleuchteten. In der heutigen Form existiert das „Lichtklavier" aber auch schon seit fast 50 Jahren – 1973 gab es in Hamburg wieder eine IGA, und da musste eine neue Attraktion her. Damals entstanden der beliebte Kinderspielplatz „Bullerberge" und die (inzwischen demontierte) Parkeisenbahn – aber eben auch die Lichtanlage, die bis heute liebevoll gepflegt wird.

TIPP Schräg gegenüber vom Teich findet im Musikpavillon einmal im Monat das „Wortpicknick im Park" statt, bei dem lokale Autorinnen und Autoren vor dem Wasserkonzert aus ihren Werken lesen.

Planten un Blomen, Holstenwall 8, 20355 Hamburg
www.plantenunblomen.hamburg.de

ÖPNV: S21/31, Haltestelle Dammtor; Bus 112, Haltestelle Handwerkskammer

Viel PS und Schumis Jordan

27 *Das Automuseum Prototyp*

Das Auto ist der Deutschen „liebstes Kind“: Bei kaum einem Konsumprodukt stellt die Forschung eine so starke emotionale Bindung zwischen Besitzer und Objekt fest wie beim Automobil. In Deutschland scheint diese Liebe besonders ausgeprägt – selbst bei minimalen Auffahrunfällen ohne sichtbaren Schaden wird die Polizei gerufen, und wer schon einmal in Palermo war, wird staunend festgestellt haben, wie neueste Mercedes-Modelle mit verbeulten Türen herumfahren, ganz einfach deshalb, weil man dort das Auto als Gebrauchsgegenstand wahrnimmt und nicht wie bei uns als Familienmitglied. Der vergleichsweise hohe Anteil der Autobesitzer, die hierzulande ihrem fahrbaren Untersatz einen eigenen Namen geben, bestätigt die These.

Schon deshalb ist ein Automuseum eine sehr emotionale Angelegenheit. Seit 2008 in der HafenCity das Museum „Prototyp“ eröffnet wurde, haben endlich auch die Hamburger Autofans eine Anlaufstelle, um ihrer Leidenschaft zu frönen, Wissenswertes über große Konstrukteure und Rennfahrer zu erfahren und dem Design vergangener Zeiten nachzutrauern – getreu dem Motto des Hauses: „Personen. Kraft. Wagen.“

Drei Stockwerke mit 2500 Quadratmetern Fläche präsentieren rund 50 barrierefrei aufgestellte Automobile aus acht Jahrzehnten, die aus der privaten Sammlung der beiden Museumsgründer stammen, darunter ein Melkus „Ketten-Wartburg“ und Michael Schumachers Original-Jordan von 1991. Daneben zeichnet das Museum den Lebensweg einflussreicher Persönlichkeiten des Motorsports nach, und es gibt immer wieder spannende Sonderausstellungen. Eines der dauerhaft ausgestellten Highlights ist Ferdinand Porsches legendärer „Typ 64“ von 1939, der nur dreimal gebaut wurde. Er schaffte mit seinen 30 PS bis zu 170 km/h und war der Vorläufer aller Porsche-Sportwagen. In der Audiobox erklingt der Sound berühmter PS-Kraftwerke vergangener Epochen. Und wer wissen will, wie es sich hinterm Steuer eines echten Klassikers anfühlt, der probiert einfach den Porsche-356-Fahrsimulator aus.

Automuseum Prototyp, Shanghaiallee 7, 20457 Hamburg
www.prototyp-hamburg.de
ÖPNV: Bus 111, Haltestelle Koreastraße

32
SHOEI
FUJI FILM
BP
JORDAN F1 191 M.SCHUMACHER
3500 ccm
600 PS
330 km/h
505 kg
1991 BJ.

Mit den Füßen im Wasser

28 *Die Dove Elbe*

Selbstverständlich heißt das niederdeutsche „dov“ nicht etwa „doof“ in unserem modernen Sinn, sondern „taub“. Und die Dove Elbe ist auch gar nicht „doof“, im Gegenteil: Sie ist der wohl schönste Nebenarm der Elbe überhaupt. 18 Kilometer windet sie sich durch die Vier- und Marschlande, das beliebte Ausflugs- und Gemüseanbaugebiet im Südosten Hamburgs, bis sie in Moorfleet in die Norderelbe mündet.

Am Ufer der Doven Elbe ist man mittendrin in der Natur. Eine Alternative zum Spaziergang ist es, sich beispielsweise beim Kanuverleih am Curslacker Deich ein Kanu zu mieten und die Dove Elbe direkt auf dem Wasser zu erleben. Reet und Seerosen säumen das Ufer, zahlreiche Vogelarten sind hier zu Hause, man kommt an Pferde- und Kuhkoppeln vorbei, an Gemüseplantagen und alten Backsteinkirchen. Die Strömung ist nicht nennenswert (deshalb heißt der Flussarm ja „dov“), sodass man ohne allzu große Probleme am Ende des Ausflugs wieder zum Ausgangspunkt zurückpaddeln kann. Wer es noch beschaulicher haben möchte, hält sich flussabwärts hinter der Neuengammer Bootswerft links und paddelt etwa 1,5 Kilometer durch den „Neuengammer Durchstich“, einen schmalen Kanal, bis er an der Gosen Elbe wieder herauskommt – hier sind, anders als auf der Doven Elbe, keine Motorboote erlaubt. Am Ende der Gosen Elbe fährt man durch die Reitschleuse am ehemaligen Ziegeleigelände (heute ein Naturschutzgebiet) und ist wieder auf der Doven Elbe.

TIPP Am nahen Eichbaumsee findet jeden August das Musikfestival „Wutzrock“ statt, mit mehreren Bühnen, Zeltplatz, Badestelle – und alles „umsonst und draußen“.

Das, wie ich finde, idyllischste Fleckchen an der Doven Elbe liegt gar nicht weit von der Reitschleuse entfernt, kurz vor den Anlagen des „Hamburger Kanu-Verbands“. Hier laden mehrere längliche Schwimmpontons im Wasser dazu ein, ein Bad in der Elbe zu nehmen, auf dem Handtuch in der Sonne zu braten oder auch einfach nur die Füße ins kühle Wasser zu stecken. Dabei ist es so herrlich ruhig, friedlich und beschaulich … Kaum zu glauben, dass sich nur 10 Kilometer elbabwärts die Hamburger Innenstadt befindet.

Dove Elbe, 21037 Hamburg
ÖPNV: z. B. Bus 321, Haltestelle Pumpwerk Allermöhe

Ein besonderer Wochenmarkt

29 *Der St. Pauli Nachtmarkt*

Noch ein Wochenmarkt als Glücksort? Nein, keine Sorge. Dieser jeden Mittwoch veranstaltete Wochen- und Gourmetmarkt befindet sich mitten auf St. Pauli, und wie bei so vielem, was dieser Stadtteil zu bieten hat, geht es hier etwas anders zu als gewohnt. Den Hinweis liefert einem ja auch schon der Name „Nachtmarkt". Gut, „Nacht" ist hier ähnlich hochgestapelt wie die alljährliche Hamburger „Lange Nacht der Literatur", die gerade einmal bis abends um zehn geht. So kann man auch hier, mitten im Epizentrum der Partygänger und Nachtschwärmer, nicht etwa einkaufen, bis die Sonne aufgeht, aber doch immerhin im Frühjahr und Sommer bis elf, im Herbst und Winter bis zehn Uhr abends. Dann gibt es auf dem Spielbudenplatz an der Reeperbahn frisches Obst und Gemüse zu kaufen, Käse und Brot, Fisch und Fleisch sowie zahlreiche internationale Leckereien.
In der Mitte des Platzes zwischen den Marktständen sind Tische und Bänke aufgestellt, Street Food und Weinbuden laden zum Verschnaufen ein, oder man holt sich ein Bier und probiert sich in der quirligen, aber dennoch herrlich entspannten Atmosphäre schon einmal durch die gerade erstandenen Spezialitäten. Doch St. Pauli ist nicht umsonst seit jeher der Mittelpunkt der Kreativität und vor allem der Musik, und so spielen auf dem „Nachtmarkt" regelmäßig Livebands zu etwas fortgeschrittener Stunde am Rande des Geschehens. Ansonsten sorgen die Macher das ganze Jahr hindurch für Sonderaktionen: Zwischen dem „Angrillen" zu Jahresbeginn und dem „Abgrillen" zu Jahresende finden im Frühjahr ein „Spanferkel-Special", im Sommer ein „Matjes-Special" und im Spätherbst ein „Grünkohl-Special" statt. Nur in der Adventszeit muss der „Nachtmarkt" für ein paar Wochen das Feld räumen. Dann ziehen die Marktstände auf den Bürgersteig entlang der Reeperbahn um, natürlich ohne Tische und Bänke. Letztere werden aber weiter auf dem Spielbudenplatz gebraucht, denn hier findet in dieser Zeit eine andere Veranstaltung statt: „Santa Pauli – Hamburgs geilster Weihnachtsmarkt".

St. Pauli Nachtmarkt, Spielbudenplatz, 20359 Hamburg
www.spielbudenplatz.eu
ÖPNV: S1/S3, Haltestelle Reeperbahn/U3, Haltestelle St. Pauli

CURRYWURST

Kleinod zwischen Neu und Alt

30 *Das Fleetschlösschen*

Das an der St.-Annen-Brücke zwischen Speicherstadt und HafenCity gelegene „Fleetschlösschen“ ist ein echtes architektonisches Kleinod. Ein wenig erinnert es an das Haus des alten Mannes aus dem Pixar-Film „Up“, das inmitten von Wolkenkratzern an die „gute alte Zeit“ gemahnt und das, als es einem weiteren Hochhaus weichen soll, mitsamt seinem Besitzer dank ein paar Hundert Luftballons in die Ferne entschwebt. Das „Fleetschlösschen“ hingegen wird uns zumindest fürs Nächste noch erhalten bleiben, denn es zählt – als Teil der Speicherstadt – offiziell zum UNESCO-Weltkulturerbe.

Die wechselvolle Geschichte des interessanten kleinen Giebelhauses mit dem Fleetzugang im Keller lässt sich schon daran erkennen, dass die Stadt Hamburg es in der Liste seiner Baudenkmäler als „Toilettengebäude“ führt. Ab dem 16. Jahrhundert stand an dieser Stelle eine Begräbniskapelle für den nahen St.-Annen-Friedhof, wo Pestopfer beigesetzt wurden, die keiner der Hamburger Hauptfriedhöfe haben wollte. Anfang des 19. Jahrhunderts wurde der Friedhof geschlossen, und als man ab 1883 die Speicherstadt errichtete, verschwand er vollends – die Straßen mussten für den Güterverkehr verbreitert werden. Kurz vor der Jahrhundertwende wurde dann auch das „Fleetschlösschen“ gebaut, das bis heute (abgesehen von ein paar Ausbesserungen der Fassade nach dem Zweiten Weltkrieg) im Originalzustand erhalten ist. Zunächst diente es als Zollstation, wo Handelsgüter wie Kaffee und Tee registriert und verzollt wurden. Als sich der Warenumschlag in der Zwischenkriegszeit mehr auf die Südseite der Elbe verlagerte, erhielt das Häuschen eine neue Bestimmung, zunächst als Brandwache der Feuerwehr und danach tatsächlich als Toilettenhaus mit Kaffeeausschank für die vielen Arbeiter. Seit 2004 gehört das Gebiet nicht mehr zum Freihafen, und seither residierte im „Fleetschlösschen“ ein urgemütliches Café-Bistro, das 2019 von der berühmten Fischbratküche Daniel Wischer übernommen und renoviert wurde. Seither gibt es hier sehr leckeren Fisch und Labskaus.

Fleetschlösschen, Brooktorkai 17, 20457 Hamburg, www.fleetschloesschen.de
ÖPNV: U1, Haltestelle Messberg; Bus 4, Haltestelle Brandstwiete

FLEETSCHLÖSSCHEN
17

Paradies für Bücherfreunde

31 *Die Buchhandlung „stories!“*

Diese Buchhandlung ist etwas ganz Besonderes, und dafür sind in erster Linie die großen Bücherwände verantwortlich. „stories!“ kämpft nämlich ganz aktiv gegen das Schicksal vieler Bücher, nur im Regal zu stehen und dem Suchenden lediglich den Rücken zuwenden zu dürfen. Rund 1000 Titel (das ist ein Siebtel aller hier vorrätigen Bücher!) präsentiert „stories!“ nämlich frontal. Das ist absolut einmalig, und es verleiht der Buchhandlung ein ganz besonderes Flair. Man fühlt sich schon fast wie in einer Galerie, zumal so auch die Covergestaltung der Bücher eine ganz neue Wertigkeit bekommt. Außerdem wechseln die präsentierten Bücher ständig, und wenn eines von seinem Platz verschwindet, wird es flugs durch einen anderen Titel ersetzt, da von den meisten nur ein Exemplar verfügbar ist – es ist eben eine inhabergeführte Buchhandlung und keine riesige Filiale mit entsprechenden Lagerräumen. Nach welchen Kriterien die Bücher an den einzelnen Präsentationswänden sortiert werden, ist dabei ganz unterschiedlich – mal nach Themen, mal nach Farbe, mal nach Genre … Aber das macht „stories!“ gerade so spannend: Es gibt jeden Tag etwas Neues zu entdecken. Und nirgends kann man schöner auf literarische Entdeckungsreise gehen als hier.

Dafür sorgt auch die große Fachkenntnis der Mitarbeiterinnen, die einem immer mit Rat und Tat zur Seite stehen und ein feines Gespür dafür haben, was man suchen könnte und was einem vielleicht gefällt – auch und gerade abseits der Bestsellerlisten. Daher ist auch ein Besuch des „Abendbrots“ so lohnend, das etwa alle zwei Monate im Lesesaal des Ladens stattfindet, stets rappelvoll ist und bei dem die Sortimenter bei Häppchen und Getränken ihre aktuellen Lieblingsbücher vorstellen. Übrigens, wer noch nie hier war, kennt die Buchhandlung vielleicht trotzdem bereits – aus dem Fernsehen: Hier dreht das NDR-Fernsehen nämlich immer das *Bücherjournal*. „stories!“ liefert genau den richtigen ästhetischen Rahmen dafür. Für Bücherfreundinnen und -freunde gibt es in Hamburg kaum ein beglückenderes (Shopping-)Ziel.

stories! Die Buchhandlung, Straßenbahnring 17, 20251 Hamburg
www.stories-hamburg.de
ÖPNV: U3/Bus 5, Haltestelle Hoheluftbrücke

stories!
NEU!
LAND EIER
stories!
NEU!

Kunst statt Kommerz

32 *Das Künstlerquartier „Gängeviertel"*

Um 1900 herum gab es in Hamburg noch zahlreiche „Gängeviertel" – Quartiere, wo die hohen Wohnhäuser so eng beieinanderstanden, dass dazwischen nur Platz für schmale Gänge war. Heute, zwei Weltkriege und viele Jahre der Immobilienspekulation später, ist nur noch eines übrig – das Gängeviertel zwischen Valentinskamp, Caffamacherreihe und Speckstraße, das aus zwölf Gebäuden besteht. Dazu gehören zwei Fachwerkhäuser aus dem 18. Jahrhundert, der Gewerbebau „Schier's Passage" von Mitte des 19. Jahrhunderts, ein Fabrikgebäude aus der Gründerzeit sowie mehrere Etagenhäuser, die um 1900 herum der bedeutende Architekt Carl Feindt entworfen hat.

Viele dieser Gebäude standen schon jahrelang leer und verfielen immer mehr. Doch anstatt die teilweise unter Denkmalschutz stehenden Häuser zu sanieren und die wertvolle historische Bausubstanz zu erhalten, wurde 2008 allen verbliebenen Mietern gekündigt, und der Senat verkaufte den gesamten Gebäudekomplex – ein Jahr, nachdem er dem Bau der Elbphilharmonie zugestimmt hatte. Käufer war ein niederländischer Investor, der die Gebäude zum großen Teil abreißen wollte. Als Reaktion besetzten unter Federführung von Daniel Richter etwa 200 Künstlerinnen und Künstler im Herbst 2009 das Gängeviertel. Sie forderten mehr Raum für Kreativität in der Stadt sowie den Erhalt der prächtigen alten Häuser. Noch im selben Jahr errang die Initiative „Komm in die Gänge" einen ersten Erfolg: Der Verkauf wurde rückgängig gemacht.

Inzwischen hat sich das Gängeviertel zum wichtigsten Hamburger Künstlerquartier entwickelt. An vielen Ecken schmückt Streetart die Wände, die „Galerie Heliumcowboy" ist in den Bäckerbreitergang eingezogen, es gibt ständig Kunstworkshops, Konzerte und Partys. Und auch die Sanierung geht voran: 2010 wurde die Genossenschaft „Gängeviertel e. G." gegründet, die sich an der Rettung des Viertels beteiligt. Drei der Gebäude sind bereits saniert, die übrigen neun befinden sich auf einem guten Weg. Eine echte Erfolgsgeschichte – ein Glück, dass es so etwas noch gibt.

Gängeviertel, Valentinskamp/Caffamacherreihe, 20355 Hamburg
www.das-gaengeviertel.info
ÖPNV: U2, Haltestelle Gänsemarkt

Matjes mit Musik

33 *Kleine Haie große Fische*

Mehr Hamburg als das *Großstadtrevier* geht eigentlich kaum. Vor über 30 Jahren schickte Kult-Regisseur Jürgen Roland den Verbrechern zum ersten Mal Kommissar Dirk Matthies auf den Hals, und seither singen Truck Stop im Titellied der NDR-Serie: „Kleine Haie, große Fische, viel Schatten, viel Licht …" Als der gebürtige Ostfriese Heiner Harhues 2013 auf St. Pauli nur einen Steinwurf von der Davidwache entfernt einen eigenen Laden eröffnete, borgte er sich für den Namen kurzerhand den ersten Teil dieser Zeile, und ein weiterer Kult war geboren: die High-End-Fischbrötchenbude „Kleine Haie große Fische".

Nun ist das Fischbrötchen an sich natürlich ohnehin viel mehr als nur Hering, Seelachs oder Krabben zwischen zwei Brötchenhälften. Es ist ein kulturelles Statement, und als solches ist es dem Norddeutschen von vornherein schon einmal heilig. Das gilt für Hamburg wie für Husum oder Heiligenhafen. Wo man in der Stadt die leckersten Fischbrötchen bekommt, darüber streiten sich die Gelehrten selbstverständlich. Aber eines steht fest: „Kleine Haie große Fische" serviert die leckersten Fischbrötchen auf dem Kiez. Mindestens.

Das liegt nicht nur daran, dass der Fisch stets frisch vom Fischmarkt kommt, sondern auch an der Fantasie der Küchenchefs, die Lachsquiche oder Gewürzmatjes im knackigen Ciabatta-Brötchen auf den Tisch bringen. Wenn es an die Getränke geht (Fisch will schließlich schwimmen, wie es so schön heißt), kann es dann ruhig wieder ganz traditionell zugehen, mit einem „Lütt und Lütt" – Bier und Korn. Ganz stilecht am Tresen, den Harhues persönlich aus ausrangierten Holzbohlen vom Millerntor-Stadion gezimmert hat.

Doch es ist nicht nur die Küche, die „Kleine Haie große Fische" zu etwas ganz Besonderem macht: So klein der Laden auch ist, es findet sich genug Platz für regelmäßige Auftritte von Musikern – immer wieder am Start: Buddy Cat, der „Elvis von der Reeperbahn", mit Klampfe, Mundharmonika und Evergreens. So schmecken „Lütt und Lütt" dann gleich noch mal so gut.

Kleine Haie große Fische, Querstraße 4, 20359 Hamburg
ÖPNV: S1/S3, Haltestelle Reeperbahn

fritz-kola®
Fisch
macht sexy!

Spring dich glücklich!

34 *JUMP House Trampolinpark*

Eine Stunde lang Trampolinspringen? Ist das nicht eher etwas für Kinder? Ja – und nein. Natürlich ist hier immer alles voll mit Kindern, selbst wenn man extra nach acht Uhr abends herfährt, immerhin hat das „JUMP House“ bis 21 Uhr, am Sonnabend sogar bis zehn geöffnet. Aber es ist durchaus auch etwas für Erwachsene, von denen die meisten in der Kindheit das letzte Mal auf einem Trampolin gesprungen sein dürften. Auch Menschen fortgeschrittenen Alters springen sich sogar regelrecht in eine Art Rausch, wenn die Glückshormone einsetzen und sie vergessen lassen, dass das, was sie da machen, durchaus auch ziemlich anstrengend ist. Ein Fehler, den man auf keinen Fall machen darf, ist daher auch, mehr als eine Stunde zu buchen. Zumindest nicht als Neuling.

Vorher buchen ist jedoch auf jeden Fall empfehlenswert. Denn die Zahl der Menschen, die in die Halle gelassen werden, ist streng reglementiert – es gibt zwar 140 miteinander verbundene Trampoline in dieser riesigen Halle, aber trotzdem muss sichergestellt werden, dass jeder Platz hat. Vor allem, da auf ein Trampolin aus Sicherheitsgründen immer nur eine Person zur Zeit darf, aber natürlich auch niemand am Rand herumstehen und warten soll. Und das klappt auch wirklich gut – nicht zuletzt, weil das „JUMP House“ neben der großen Trampolinfläche mit mehreren Sprungrampen, Podesten und Wandtrampolinen noch mehr zu bieten hat, nämlich Basketballkörbe, eine Grube mit Schaumstoffwürfeln zum Hineinspringen und die „Battle-Box“, wo sich Mutige auf einem schmalen Balken im Zweikampf messen können.

TIPP

Vorne in der „Burger Lounge“ kann man sich die abtrainierten Kalorien direkt wieder draufschaffen.

Am Tresen sorgt man dafür, dass niemand Hunger oder Durst leiden muss – es hat allerdings auch keiner etwas dagegen, im Schließfach für die Wertsachen eine große Flasche Wasser zu deponieren. Denn Flüssigkeit braucht man hier. Aber die Anstrengung lohnt sich. Es ist zwar nicht ganz wie Fliegen, aber ein wenig schwerelos darf sich jede(r) auf dem Trampolin fühlen. Und warum sollte der ganze Spaß nur für die Kinder sein?

JUMP House, Kieler Straße 572, 22525 Hamburg, www.jumphouse.de
ÖPNV: Bus 281, Haltestelle Wördemanns Weg

Eine Leiche zum Tee

35 *Das Krimicafé Jussi*

Wenn es um Krimis geht, dann leuchten Bianca Jarskes Augen, und wer ihren Laden besucht, lässt sich nur allzu gern von ihrer Begeisterung anstecken. Vor vielen Jahren hat sie das Krimifieber gepackt, und mit Ende dreißig gelang es ihr endlich, ihre Leidenschaft zum Beruf zu machen. Allerdings nicht etwa als Autorin, sondern als Inhaberin von „Jussi", einer Mischung aus Café, Frisensalon und Buchhandlung für „nordische" Krimis – also Thriller und Kriminalromane aus Norddeutschland, Skandinavien, Finnland und Island. Dass das liebevoll eingerichtete Buchcafé „Jussi" heißt, verrät dem Kenner sofort, was er hier zu erwarten hat. Immerhin ist dies nicht nur der Vorname des meistverkauften dänischen Thrillerautors – so heißt auch der Hund von Kommissar Wallander in den Romanen von Henning Mankell, der neben Sjöwall/Wahlöö, die das ganze Krimigenre revolutionierten, als Begründer des „Schwedenkrimis" gilt.
Neben den vielen nach Ländern sortierten Krimis, die hier käuflich zu erwerben sind, kommt natürlich auch das leibliche Wohl nicht zu kurz: Zum ständig frisch gebrühten Kaffee gibt es äußerst leckere Kuchen, von der Chefin persönlich gebacken. Am besten zu genießen in spannender Begleitung: am Tresen den E-Book-Reader ausleihen und im Sessel bei Kaffee und Kuchen nach Lust und Laune in die neuesten Krimis hineinschmökern. Oder man entscheidet sich für die „Hörbar", an der es ein Krimi-Hörbuch auf die Ohren gibt. Sonntagabends, wie könnte es anders sein, lädt das „Jussi" pünktlich um viertel nach acht zum „Tatørt mit Butterbrøt", mit Schnittchen auf dem Tisch und dem aktuellen ARD-Krimi auf zwei HD-Bildschirmen.
Dieses Lädchen im Souterrain ist einfach ein Ort zum Wohlfühlen, und zwar nicht nur für Erwachsene: Speziell für Kinder gibt es bei „Jussi" nämlich eine Ecke mit den Kinderbuchklassikern von Astrid Lindgren, und da tummeln sich neben Detektiv Kalle Blomquist auch Pippi, Karlsson & Co. Es muss ja nicht immer ein Krimi sein.

Jussi – Mein skandinavisches Krimi-Buch-Café, Lehmweg 35, 20251 Hamburg
www.jussi-krimicafe.de
ÖPNV: U3, Haltestelle Eppendorfer Baum

Kinderzimmer
vegan
ANNE HOLT

Wiege der Beatles

36 *Der Indra Musikclub*

Dieser Musikclub an der nördlichen, weniger überlaufenen Hälfte der Großen Freiheit, hat Musikgeschichte geschrieben. Am 18. August 1960 erklommen hier fünf junge Männer aus England die Bühne. In ihrer Heimatstadt Liverpool hatten sie sich noch „The Silver Beatles" genannt, für ihre Reise nach Hamburg ließen sie den Zusatz „Silver" fort. Sie waren noch keine 20, und sie spielten die angesagten Hits der damaligen Zeit – eigene Songs hatten sie noch keine im Gepäck. Aber sie erspielten sich schon hier, bei ihren ersten Auftritten, eine eingeschworene Fangemeinde. Damals gab es noch keine Diskotheken. Wenn man abends tanzen ging, war für die Musik eine Kapelle zuständig, wie schon eine Generation zuvor, als Tanzsäle wie der „Trichter" auf St. Pauli ihre große Zeit hatten und den Swing unter die Leute brachten. Ähnlich unbeliebt bei der Obrigkeit war in den 1950ern der Rock'n'Roll. Der hatte allerdings nun auch schon seine beste Zeit hinter sich – Anfang 1960 war Elvis noch immer beim Militär, und Schnulzen dominierten die Charts, in den USA genau wie in Deutschland, wo der große Hit des Jahres *Wir wollen niemals auseinandergehn* hieß. Junge Menschen lockte damit niemand hinterm Ofen hervor.

Zum Glück gab es aber findige Geschäftsleute wie Bruno Koschmider, der wusste, womit man die Jugend wieder begeistern konnte, damit sie in seinen Läden auf dem Kiez ihr Taschengeld ließen: Er engagierte zahllose kleine Bands aus England, die für kleines Geld lange Stunden spielten, Nacht für Nacht, und zwar genau jene Rock'n'Roll-Hits von vor drei, vier Jahren, die die jungen Leute kannten und hören wollten. 32 DM pro Mann bekamen die Beatles für jeden der fast 50 Abende, die sie für Koschmider im „Indra" auftraten. So viel kostet heute, mit viel Glück, eine Konzertkarte – doch gerade hier hat man in dieser Hinsicht immer wieder Glück: bei Auftritten junger, noch wenig bekannter Bands, die nach wie vor im „Indra" spielen. Und wer weiß – vielleicht sind ja auch mal wieder künftige Weltstars dabei.

TIPP Gleich um die Ecke, in der Paul-Roosen-Straße 33, befand sich damals das „Bambi-Kino", wo die Beatles 1960 unter kaum menschenwürdigen Umständen hausen mussten. Eine hübsch bemalte Toreinfahrt erinnert daran, vor der sich Beatles-Fans gerne fotografieren.

Indra, Große Freiheit 64, 22767 Hamburg, www.indramusikclub.com
ÖPNV: S1/S3, Haltestelle Reeperbahn

INDRA

Hafen unter Palmen

37 *Park Fiction auf St. Pauli*

Ein Park-Projekt, das auf der weltgrößten Ausstellung zeitgenössischer Kunst, der documenta in Kassel, vorgestellt wird? Das muss etwas ganz Besonderes sein, und das ist es auch. Dabei geht das Projekt „Park Fiction“ gar nicht auf irgendwelche exzentrischen Gartenkünstler oder Botanikfreaks zurück, sondern wurde von „ganz normalen Leuten“ aus der Taufe gehoben. Die wollten Mitte der 1990er-Jahre nicht hinnehmen, dass der Stadtteil St. Pauli derart zugebaut wurde. Immer mehr neue Gebäude aus Stahl und Beton wurden hochgezogen, obwohl die Behörde längst zugegeben hatte, dass es für die Kiezbewohner ohnehin schon viel zu wenig Grün gab. Als dann auch noch die Schließung des legendären „Golden Pudel Club“ drohte, entstand eine Nachbarschaftsinitiative mit dem Motto: „Die Wünsche werden die Wohnung verlassen und auf die Straße gehen.“ Die künstlerisch-politische Initiative wurde von zahlreichen Kulturschaffenden und sozialen Einrichtungen unterstützt und führte am Ende dazu, dass dieser Park entstand, dessen Konzept 2002 dann tatsächlich in Kassel präsentiert wurde.

Vier Jahre Bauzeit später wurde mit Unterstützung der Behörde für Umwelt und Gesundheit das erste, 1500 Quadratmeter große Teilstück des „Antonipark“ getauften Geländes eröffnet. Weitaus bekannter ist die Anlage aber bis heute unter dem Projektnamen „Park Fiction“. 2013 wurde der Park noch einmal umbenannt: in „Gezi Park Fiction“, als Zeichen der Solidarität mit der brutal niedergeschlagenen Demokratiebewegung in der Türkei.

Bei schönem Wetter gibt es auf St. Pauli kaum einen angenehmeren Ort, um zu entspannen und einfach mal die Füße ins Gras zu legen. Und das Ganze dann noch mit einem wunderbaren Blick auf den Hafen. Das Besondere hier sind die zahlreichen über den Park verteilten interaktiven Elemente, die sich konzeptuell an Joseph Beuys' Sozialer Plastik anlehnen: die „Teeinsel“, der „Fliegende Teppich“ mit seinem gewellten Rasen und der „Bambushain des bescheidenen Politikers“.

Park Fiction, St. Pauli Fischmarkt 19, 20359 Hamburg
ÖPNV: S1/S3, Haltestelle Reeperbahn

A wie Ägypten, Z wie Zypern

38 *Die Schiffsbegrüßungsanlage „Willkomm-Höft“*

Am Schulauer Fährhaus am Wedeler Elbufer kann man sehr schön Kaffeetrinken, und das Essen im Restaurant ist ebenfalls vorzüglich. Aber Essen und Trinken sind für die meisten Besucher gar nicht die Hauptgründe, warum sie hierherkommen, sondern die großen, auf einem Gerüst montierten Lautsprecher: die weltberühmte Schiffsbegrüßungsanlage „Willkomm-Höft“ (ein „Höft“ ist ein Ufervorsprung). Seit über 60 Jahren wird hier von Sonnenauf- bis Sonnenuntergang jedes Schiff, das am Willkomm-Höft vorbeifährt, einzeln begrüßt. Gut, nicht jedes, das wäre wohl zu viel verlangt. Aber doch jeder der großen „Pötte“, genauer gesagt: jedes Schiff mit mehr als 1000 Bruttoregistertonnen. Vor allem die Kreuzfahrtschiffe stehen momentan hoch im Kurs, die jedes Jahr größer zu werden scheinen.

Zuständig für die Anlage sind die „Begrüßungskapitäne“, die den Zuhörern an Land die wichtigsten Fakten zum Schiff vorlesen und es dann, sobald es in Hörweite ist, begrüßen, und zwar jedes Schiff mit seiner eigenen Nationalhymne. Das ist nach wie vor weltweit einzigartig. 152 Nationalhymnen wurden dafür aufgenommen – und in der jeweiligen Landessprache der Text eingesprochen: „Willkommen in Hamburg. Wir freuen uns, Sie im Hamburger Hafen begrüßen zu dürfen.“ Zugegeben, bis das Schiff den Hamburger Hafen erreicht, braucht es noch eine gute Stunde, aber immerhin befindet es sich schon bald auf Hamburger Stadtgebiet – und irgendwie gehört die Elbe von Lauenburg bis zur Nordsee ja ohnehin zu Hamburg, jedenfalls aus Sicht der Hamburger.

TIPP Auf der Webseite des Schulauer Fährhauses wird angezeigt, wann welches Schiff am Willkomm-Höft vorbeifährt.

Schiffe, die die Elbe hinabfahren, werden ihrerseits verabschiedet, natürlich mit einem anderen Text. Abgespielt werden Begrüßung und Verabschiedung übrigens noch nicht per MP3, sondern ganz altmodisch mit Kompaktkassetten. Damit der Begrüßungskapitän nicht durcheinanderkommt, sind die Kassetten mit unterschiedlichen Farben gekennzeichnet: Rot für die eintreffenden Schiffe, Schwarz für die, die Hamburg verlassen.

Schulauer Fährhaus, Parnaßstraße 29, 22880 Hamburg-Wedel
www.schulauer-faehrhaus.de
ÖPNV: Bus 189, Haltestelle Wedel-Elbstraße

Willkomm-Höft
Welcome Poin

Einer für alle

39 *Kultur im „Nochtspeicher“*

Es gibt auf St. Pauli nur noch wenige Orte, die von außen und von innen daran erinnern, dass der Kiez nicht nur lange Zeit ein Arbeiterstadtteil, sondern dass hier auch Industrie angesiedelt war. Ein solcher Ort ist der über 160 Jahre alte Niebuhr-Speicher, der in den 1990er-Jahren für die kulturelle Nutzung umfunktioniert wurde, wobei aber die historische Bausubstanz weitgehend erhalten blieb. Damals zog hier das „Erotic Art Museum“ ein – mit seiner riesigen Sammlung expliziter Gemälde, Zeichnungen, Fotografien und Comics von Picasso bis Ungerer eine einzigartige Einrichtung und ein echter Publikumsmagnet. 2005 ersteigerte eine etwas windige Immobilienfirma das Gebäude und ließ es komplett leerräumen, bevor es weiterverkauft wurde. Wo die vielen erotischen Kunstwerke im Wert von mehreren Millionen Euro geblieben sind, ist bis heute ungeklärt. Der jetzige Besitzer des Gebäudekomplexes, zu dem der historische Speicher gehört, ist die gemeinnützige Johann Daniel Lawaetz-Stiftung, die sich nicht nur zur Aufgabe gemacht hat, für bezahlbaren Wohnraum auf St. Pauli zu sorgen, sie wollte auch eine kulturelle Einrichtung schaffen. Da kam der leer stehende Speicher wie gerufen: Man verzichtete darauf, ihn aufwendig umzubauen, und richtete hier stattdessen im Jahr 2013 auf zwei Etagen den „Nochtspeicher“ ein, der seither nicht mehr aus der Kulturszene von St. Pauli wegzudenken ist. Dafür sorgt ein engagiertes Team von Kuratorinnen und Kuratoren, zu denen nicht zuletzt die Hamburger Autorin Tina Uebel zählt, die sich von Anfang an für das Projekt „Nochtspeicher“ eingesetzt hat und hier regelmäßig Veranstaltungen moderiert. Vom Programm her ist für jeden etwas dabei: Konzerte von Elektro bis Jazz, Partys, Literatur, Poetry-Slam, Swingtanz … Das Programm ist so bunt wie der Stadtteil selbst und die Menschen, die hierherkommen. Für die Älteren gibt es seit ein paar Jahren sogar eine sehr beliebte „Ü60-Party“ mit dem aussagekräftigen Namen „Faltenrock“ – eine echte Marktlücke, die zu Recht mit dem „Hamburg Club Award 2014“ ausgezeichnet wurde.

TIPP Nur 50 Meter weiter nach Westen gibt es in der „Kombüse“ die leckersten Burritos und Enchiladas von ganz Hamburg.

Nochtspeicher, Bernhard-Nocht-Straße 69a, 20359 Hamburg
www.nochtspeicher.de
ÖPNV: S1/S3, Haltestelle Reeperbahn; Bus 111, Haltestelle Bernhard-Nocht-Straße

FLORENS
FSCU
MAX. GROSS
TARE
MAX. CARGO
CU. CAP.
ATTENTION

Leinen los!

40 *Der Museumshafen Oevelgönne*

Schöne alte Boote und Schiffe, liebevoll hergerichtet und in ihrem natürlichen Lebensraum auf der Elbe präsentiert: Der Museumshafen Oevelgönne ist ein wunderbarer Ort für alle, die das Meer, den Hafen und die Seefahrt lieben. Dabei führt das Wort „Museumshafen" indes ein wenig in die Irre, denn ein Museum ist dieser Hafen nahe des Anlegers Neumühlen, wie die Betreiber immer wieder betonen, im Grunde gar nicht. Der ehrenamtliche Verein „Museumshafen Oevelgönne e. V.", der ihn betreibt und finanziert, hat keinen explizit wissenschaftlichen Anspruch. Es geht den Mitgliedern vor allem darum, das maritime Erbe zu bewahren, denn ein Denkmalschutz, wie es ihn für Gebäude gibt, existiert für Schiffe und Boote leider nicht. So ist der Museumshafen seit 1976 ein Refugium für antike Fischerei- und Frachtsegler von Niederelbe, Nord- und Ostsee, für Dampfschlepper aus dem Hamburger Hafen und für historische Polizei-, Zoll- und Feuerschiffe. Alle Exemplare sind seetüchtig und unter Segeln.

Die Wasserfahrzeuge im Hafen stammen schwerpunktmäßig aus der Zeit zwischen 1880 und 1930, und sie sind alle ausführlich dokumentiert und fachgerecht beschildert. Auf eigene Faust betreten kann man sie zwar nicht, sondern nur in Begleitung der engagierten und durchweg kompetenten Enthusiasten des Vereins. Aber das ist ohnehin viel lohnenswerter, denn sie haben auf jede Frage eine Antwort. Hin und wieder kann man eines der „Museumsstücke" auch live erleben und darf mitfahren, zum Beispiel auf dem „Feuerschiff Elbe 3" von 1888, das wie die meisten Schiffe hier vor der Verschrottung bewahrt wurde. Es befindet sich seit fast 40 Jahren in Vereinsbesitz. Somit ist der „Museumshafen Oevelgönne" alles andere als ein „Schiffsfriedhof", wo alte Kähne ihre letzte Ruhestätte finden. Er ist äußerst lebendig, auch und gerade wegen der Vereinsmitglieder, die sich mit Leib und Seele ihrer Passion verschrieben haben und denen es immer wieder aufs Neue gelingt, Alt und Jung für die Welt der historischen Schifffahrt zu begeistern.

Museumshafen Oevelgönne, Neumühlen, 22763 Hamburg
www.museumshafen-oevelgoenne.de
ÖPNV: Bus 112/Fähre 62, Haltestelle Neumühlen/Övelgönne

Mit der Nase um die Welt

41 *Duftende Vielfalt im Gewürzmuseum*

Die Speicherstadt ist einer *der* Publikumsmagneten Hamburgs. Der um 1900 herum entstandene Lagerhauskomplex ist der größte seiner Art, und auch wenn der Warenumschlag heute per Container stattfindet, so erinnern die sehenswerten historischen Gebäude immer noch an die Zeit, als sich hier das Zentrum des deutschen Kaffee- und Gewürzhandels befand. Einen passenderen Standort für ein Museum für Gewürze kann es also kaum geben, und „Spicy's Gewürzmuseum" ist die einzige solche Einrichtung ihrer Art – weltweit.

Was das Gewürzmuseum zu einem Glücksort macht, ist die Tatsache, dass man hier die ganze Geschichte des Gewürzhandels mit allen Sinnen erleben kann. Vor allem mit der Nase. Rund 50 verschiedene Kräuter und Gewürze aus aller Herren Länder werden in der Ausstellung präsentiert, auf Säcken und auf Tellern, und alle kann man anfassen, an ihnen riechen und, wenn man mag, sogar von ihnen kosten. Gerade beim Riechen und Schmecken werden viele Erinnerungen wach, an Omas Küche, an den sonntäglichen Braten zu Hause … Die historischen Verpackungen wecken ebenfalls nostalgische Gefühle.

Zu allen Gewürzen gibt es fachkundige Informationen. Erstaunlich zum Beispiel, welche Pflanzen früher auch als Heilmittel im Einsatz waren. Oder dass Vanille und Safran (das teuerste Gewürz der Welt) auch heute noch mühsam per Hand geerntet werden. Die ebenfalls ausgestellten Sieb- und Dosiermaschinen, die Stampfwerke und Transportkarren aus fünf Jahrhunderten lassen erahnen, wie viele Arbeitsschritte früher nötig waren, bis Bohnenkraut oder weißer Pfeffer in der heimischen Küche landeten. Ein ganz besonderes Highlight ist die „Hanseatische Pfeffersacktour", ein Rundgang durch die Speicherstadt, bei der alle Gebäude gezeigt werden, die früher mit dem Gewürzhandel in Verbindung standen. Die Tour geht teils zu Fuß, teils per Barkasse zu den Umschlagsplätzen der Gewürze, und sie endet im Gewürzmuseum, wo es zum Abschluss ganz stilecht einen Becher Zimtkaffee gibt.

TIPP Wer mehr über die Speicherstadt erfahren möchte, der besuche das „Speicherstadtmuseum", das gleich nebenan liegt und die ganze Geschichte dieses historischsten aller Hamburger Stadtteile von A bis Z beleuchtet.

Spicy's Gewürzmuseum, Am Sandtorkai 34, 20457 Hamburg, www.spicys.de
ÖPNV: Bus 111, Haltestelle Am Sandtorkai

Schlaraffenland aus Süßkram

42 *Die Lakritzerie*

Es gibt nicht mehr allzu viele Geschäfte, die heute noch das nostalgische Flair eines Tante-Emma-Ladens versprühen. Einer davon ist dieser hier in Winterhude am Rande des Stadtparks. Und das liegt nicht nur an den vielen altmodischen Bonbongläsern in den Regalen, sondern auch an der familiären Stimmung, die jeden empfängt, der den Laden betritt.
Hier wird fachkundig und ganz persönlich beraten, denn wenn sich Inhaberin Barbara Matthias mit einem auskennt, dann ist es: Lakritz. Über 500 verschiedene internationale Varianten hat sie im Angebot, aus Skandinavien, Island, Finnland, Holland, Italien und Deutschland. Von Schaumlakritz und Lakritzschokolade über Lakritzsirup (toll auf Eis!), Erdbeermarmelade und Honig mit Lakritz, gefüllte Lakritzsticks und feurige Chili-Lakritz bis hin zu Frucht- und Salzlakritz reicht das Sortiment. Es gibt buchstäblich nichts, das ein Lakritzliebhaber hier vermissen kann. Echte Gourmets, die etwas ganz Besonderes suchen, greifen indes zu den eigens für die „Lakritzerie" handgefertigten Pralinen „Lakrids by Johann Bülow", in Geschmacksrichtungen wie „Blackcurrant Choc" (Lakritz mit weißer Schokolade und schwarzen Johannisbeeren) oder „Salty Chili Cranberry".
Doch das ist noch längst nicht alles: Auch wer kein Lakritz mag, kommt hier nicht zu kurz, dank einer großen Auswahl an anderen Leckereien wie Fruchtgummi, original englischem Fudge (mit Walnuss- oder Ingwergeschmack), feinster handgeschöpfter Schokolade (zum Beispiel mit echtem französischem Meersalz) und den Erzeugnissen verschiedener heimischer Praliné-Manufakturen. Oder probieren Sie doch mal das leckere, hochwertige Bio-Marzipan von der Lübecker Firma Mest!
Zwar erschlägt einen die große Auswahl möglicherweise erst einmal, aber man darf eine ganze Reihe Produkte probieren – was ein großes Plus ist, denn so entscheidet man sich gern auch einmal für ein paar exotischer anmutende Sorten, an die man sich sonst vielleicht gar nicht herangetraut hätte. Kurz: Wer gern Süßes ist, ist hier am richtigen Ort. Und wer tut das nicht?

Die Lakritzerie, Barmbeker Str. 189, 22299 Hamburg, www.lakritzerie.com
ÖPNV: Bus 25/109, Haltestelle Winterhuder Marktplatz

LAKRIDS
1
2
4

Fernweh am Hafen

43 *Die Landungsbrücken*

Der Hamburger Hafen ist ein echter Sehnsuchtsort. Schiffe, Möwen, Wasser, Fischbrötchen … Wer das Meer liebt, der ist hier richtig, für die Hamburger ist die Elbe von Cuxhaven bis zu den St.-Pauli-Landungsbrücken letztlich nichts weiter als eine Fortsetzung der Nordsee mit anderen Mitteln. Nicht umsonst steht bei Sturmflut der Fischmarkt unter Wasser. Und was sollten sonst die ganzen Möwen hier?

Die Seemannsromantik von damals ist heute Geschichte, doch noch in den 1980er-Jahren haben an den Landungsbrücken die richtig großen „Pötte" angelegt, die Englandfähre zum Beispiel. Auch das ZDF-„Traumschiff" stach damals Jahr für Jahr von hier aus in See und bediente den Hang der Zuschauer zum Fernweh. Heute wird die 700 Meter lange Anlegestelle vor den historischen Gebäuden mit dem markanten „Pegelturm" fast nur noch von kleineren Wasserfahrzeugen angelaufen – den HVV-Hafenfähren, den Barkassen der Hafenrundfahrt, den Linienschiffen nach Helgoland. Auch wenn man nur zu den Musicalbühnen auf der anderen Elbseite übersetzt: Ein Ort des Fernwehs sind die Landungsbrücken irgendwie immer noch.

Zu vermeiden ist indessen der „Hafengeburtstag". Außer man möchte sich mit einer Million Touristen durch die enge Gasse zwischen den Fress- und Saufbuden schieben, während von einer Livebühne im Hintergrund eine Coverband *What is Love?* in den Äther grölt. Wer das mag – herzlich willkommen. Mir persönlich sind die Landungsbrücken lieber, wenn es nicht so voll ist. Wenn es bedeckt ist, vielleicht nieselt es sogar ein bisschen (aber nur ein bisschen), laufe ich gern vom Kuppelbau des Alten Elbtunnels über die Promenade bis zum Baumwall, rechts das Meer – pardon: das Wasser und die Barkassen, Fähren, Containerschiffe, schräg links der Michel, das wirkliche und wahre Wahrzeichen der Stadt, das heute wie vor 100 Jahren den Matrosen versichert: Ja, da liegt Hamburg, gleich sind wir da. Hier bün ick to Hus.

St. Pauli-Landungsbrücken, 20359 Hamburg
ÖPNV: S1/S3, U3, Haltestelle Landungsbrücken

BLOHM+VOSS DOCK ELBE 17
BLOCKBRÄU
BRÜCKE 3
KASSE

Mucke im Fenster

44 *Der Plattenladen „Michelle Records“*

Ein Geschäft wie dieses hat im Zeitalter von MP3s und Streaming-Diensten notwendigerweise etwas Nostalgisches an sich. „Michelle Records“ ist in jeder Hinsicht ein Plattenladen vom „alten Schlag“, und dieses Jahr feiert man hier sogar Jubiläum: 1977, im Jahr, als der Punk zwar nicht direkt das Licht der Welt erblickte, aber doch zum internationalen Medienphänomen wurde, öffnete „Michelle“ (so die Kurzbezeichnung durch die Einheimischen) seine Pforten. Vinyl-Liebhaber kommen an diesem Laden nicht vorbei, aber selbstverständlich gibt es auch CDs zu kaufen und sogar den einen oder anderen aufwendigen Bildband. Vom Indie-Fan über den Elektro-Freak bis zum Jazz-Liebhaber – hier ist jeder richtig, der sich für Musik begeistert.

Dass „Michelle“ ein so wichtiger Bestandteil der Hamburger Musikszene ist, liegt nicht nur daran, dass man hier jede Art von Tonträgern bekommt, dass das Inventar äußerst gut sortiert ist und man Standards wie auch Rares zu richtig guten Preisen erwerben kann und dass hier noch Personal arbeitet, das einen auch tatsächlich beraten kann. Nein, es liegt auch und gerade an den inzwischen überregional bekannten Schaufensterkonzerten: Immer mal wieder lädt „Michelle“ nämlich eine Band ein, im Schaufenster ihre Instrumente auszupacken und ein etwa dreiviertelstündiges Set zu spielen. Dazu gibt es günstiges Pils „auf die Faust“. Zahlreiche Lokalmatadoren wie Bernd Begemann und Tomte sind hier bereits aufgetreten, aber auch international erfolgreiche Alternative-Acts wie Nada Surf oder Peaches, meist vor 50 bis 80 Zuschauern. Mehr passen hier aber beim besten Willen auch nicht zwischen die Plattenregale. Bei einer Band wie Queens of the Stone Age ist allerdings auch schon mal der Gertrudenkirchhof vor dem Geschäft voll mit Zuhörern.

Die Schaufensterkonzerte gibt es seit Ende der 1990er-Jahre, als das fast insolvente „Michelle“ zwei neue und besonders umtriebige Inhaber bekam, die den Laden bald wieder florieren ließen – und dafür sorgten, dass es ihn bis heute gibt. Hoffentlich auch noch die nächsten 40 Jahre lang.

Michelle Records, Gertrudenkirchhof 10, 20095 Hamburg, www.michelle-records.de

ÖPNV: U/S/Bus, Haltestelle Hauptbahnhof

TOMTE
BUCHSTABEN ÜBER DER STADT
DAS ALBUM
AB 03.02.
KANTE DIE TIERE SIND UNRUHIG
MICHELLE, MA BELLE!
ES WAR HEISS, UND ES WAR SCHWÜL,
HAT ABER NATÜRLICH SPASS GEMACHT
WIE HUPE. VIELEN DANK & BESTE
GRÜSSE, DIE KANTE-ANIMALS.
musikexpress
C
Hamburg
Audiolith Labelfach
B.Begemann / Die Antwort
BERND BEGEMA
But Alive
The Building

Ganz entspannt baden

45 *Die Bartholomäus-Therme*

Ein öffentliches Schwimmbad, das mit dem Slogan „Kurzurlaub für die Seele“ wirbt? Das klingt schon fast paradox – zumindest für alle, die ein Schwimmbad in erster Linie mit der Geräuschkulisse in Verbindung bringen, die Dutzende rufender, schreiender, quietschender Kindermünder erzeugen. Doch weit gefehlt: In der Bartholomäus-Therme herrscht … nun, nicht gerade absolute Stille, aber doch eine in akustischer Hinsicht weitaus gedämpftere Atmosphäre. Und der Grund dafür ist ganz einfach: Hier haben Kinder keinen Zutritt.

Selbstverständlich sind Kinder, wie sich der Betreiber auf seiner Webseite zu versichern beeilt, in allen anderen Hamburger Schwimmbädern sehr gern gesehen. Doch in der Bartholomäus-Therme eben nicht – es ist das einzige Schwimmbad der Stadt „nur für Erwachsene“, und ausnahmsweise hat diese Einschränkung nichts mit irgendwelchen nicht jugendfreien Aktivitäten zu tun: Hier geht es um Erholung, Entspannung, Entschleunigung. Und die funktioniert für manche Menschen nun einmal besser, wenn keine Kinder anwesend sind.

Das große Becken der Therme misst 21 × 22 Meter und ist mit 32 °C gut eingeheizt. Wer es noch wärmer mag, dem stehen im Badebereich das Eukalyptus- und das Blütenbad mit über 40 °C zur Verfügung. Oder man löst das Extraticket für die große Saunalandschaft mit römischem Schwitzbad, zwei finnischen Saunen, Kaminsauna sowie einer Terrasse und einem eigenen Wintergarten. Wer aber lediglich seine Bahnen ziehen möchte, ist in der Bartholomäus-Therme ebenfalls willkommen. Dafür gibt es eigens ein 25-Meter-Becken in einem gesonderten Bereich des Gebäudes, der unter der Woche bereits morgens um halb sieben öffnet – mehrere Stunden vor der eigentlichen Therme. Ideal für ein wenig erfrischendes Training vor der Arbeit.

Doch zurück zur Entspannung. Die wird von Oktober bis April jeden Samstagabend auf die Spitze getrieben, wenn man sich bei klassischer Musik im warmen Wasser treiben lassen kann. Und in die hohe Kuppel des prachtvollen Jugendstilbaus blickt, in der sich das Kerzenlicht spiegelt.

Bartholomäus-Therme, Bartholomäusstraße 95, 22083 Hamburg, www.baederland.de

ÖPNV: Bus 172, 173, Haltestelle Schumannstraße

Schoko, Vanille, Erdnussbutter

46 *Eiszeit bei „Eiszeit“*

Eis macht glücklich. Das ist zwar eine Binsenweisheit, zumal dies im Grunde genommen auf alles Essbare zutrifft, das hauptsächlich aus Zucker und Fett besteht. Trotzdem ist Eiscreme für die meisten von uns nach wie vor etwas Besonderes. Viele verbinden mit Eiscreme Erinnerungen an die endlos scheinenden Sommer unserer Kindheit, und wenn es im Sommer mal richtig warm ist, kommt zum kulinarischen Genuss ja auch noch die kühlende Wirkung hinzu, die dem Organismus guttut. Die kannten schon die alten Römer, die sich Gletschereis und -schnee aus dem Gebirge in die Städte bringen ließen, wo es mit Fruchtsirup und Honig versüßt auf den Tisch der reichen Leute kam. Die heutige Eiscreme ist etwas raffinierter, und zum Glück ist sie auch nicht mehr den oberen Zehntausend vorbehalten.

Dass das „Eiszeit“ im Mühlenkamp eines der beliebtesten Eiscafés von ganz Winterhude ist, liegt nicht zuletzt an den ausgefallenen (aber immer leckeren) Eissorten. Neben Blutorange-, Stachelbeer-, Pflaumen- oder Sanddorn-Fruchteis gibt es „Forest Master“ mit Waldmeistergeschmack, das Zartbitter-Schokoeis „Amadeus“ mit Marzipan und Pistaziensauce, „Priapismus“, ein Vanilleeis mit Butterkaramellsauce und Daim-Stückchen, oder „Cheetahs Liebling“, ein Milcheis mit Erdnussbutter, Tartufo und Banane. Und vieles, vieles mehr. Insgesamt hat das „Eiszeit“-Team über 100 Variationen in petto, daher ändert sich das Angebot ständig. So gibt es quasi jeden Tag wieder einen Grund, herzukommen – um jedes Mal etwas Neues auszuprobieren.

TIPP Vor oder nach dem Eis ein wenig andalusisches Flair und interessante, leckere Häppchen? Dann auf zur Tapasbar „Madrigal“ in der Semperstraße 4, direkt um die Ecke.

Vor über 20 Jahren begann die Erfolgsgeschichte von „Eiszeit“, und wenn sich daran eines ablesen lässt, dann dass sich Qualität und Kundennähe durchsetzen. Inzwischen ist das Eiscafé mit mehreren Läden in diversen Stadtteilen präsent; dennoch hat es nichts von seinem familiären Touch verloren. Nach wie vor wird jede Eiskreation mit viel Liebe von Hand hergestellt, und zwar stets auf Grundlage hochwertiger Produkte von Lieferanten aus der Region. Und das schmeckt man – jeden Tag aufs Neue.

Eiscafé Eiszeit Winterhude, Mühlenkamp 46, 22303 Hamburg, www.eiszeit-eis.de
ÖPNV: Bus 25, Haltestelle Gertigstraße

EISZE

Spazierengehen wie 1835

47 *Die Promenade „Bei der Erholung“*

Zugegeben, der Aufstieg ist nicht ganz unanstrengend. Aber dafür erwartet einen am Ende ein spektakulärer Ausblick über den Hamburger Hafen als Belohnung. Unten am Fuße der U-Bahn-Station Landungsbrücken überquert man die Straße, und schon ist man an der Treppe, die zum „Hotel Hafen Hamburg“ emporführt – und zur Promenade mit dem verlockenden Namen „Bei der Erholung“, die 2004 komplett saniert wurde und seither wieder auf 600 Metern Länge den Blick auf den Nordrand des Hafens und die Landungsbrücken freigibt.
Der Fußweg führt an der Rückseite des berühmten Bernhard-Nocht-Instituts für Tropenmedizin vorbei, das als Reaktion auf die Hamburger Choleraepidemie von 1892 gegründet wurde und noch immer in Betrieb ist, als eines der führenden Zentren für Parasitologie und größtes Institut seiner Art in ganz Deutschland. Den Weg säumen mehrere Aussichtsterrassen, auf denen Bänke zum Ausruhen einladen. Hier wird klar, warum so viele Hamburger finden, dass der Hafen das Schönste an ihrer Stadt ist. Am östlichen Ende des Weges, wo die eingangs beschriebene Treppe auf die Promenade führt, ist die Terrasse passend zum Panorama dem Deck eines Schiffs nachempfunden, mit Holzbohlen, Takelage und Mast.
Die Promenade existierte seit 1835; sie erhielt ihren Namen von einer Schankwirtschaft, diese lag etwas weiter östlich in der Nähe der Stelle, wo später das Bismarckdenkmal errichtet wurde, das heute noch ganz selbstbewusst über den Hafen blickt. Genauso selbstbewusst waren die Betreiber der erwähnten Gaststätte: Sie hatten ihr Haus „Die Erholung bei der Elbe“ getauft, und so nannten die St. Paulianer die Promenade kurzerhand „Bei der Erholung“. Dazu passt auch ein ganz besonderes Denkmal, dem man auf dem Fußweg weiter westlich begegnet: ein gewaltiger Bierbraukessel aus Messing von der (leider längst verschwundenen) Bavaria-St. Pauli-Brauerei, in der das Astra-Bier gebraut wurde. In diesem Sinne: Prost!

TIPP **Wer noch höher über den Hafen hinaus möchte, besuche die in 62 Meter Höhe gelegene „Tower-Bar“ im Hotel Hafen Hamburg oberhalb des östlichen Endes des Wegs.**

Promenade „Bei der Erholung“, 20459 Hamburg
ÖPNV: U3, Haltestelle Landungsbrücken

Das Wahrzeichen des Hafens

48 *Das Lotsenhaus Seemannshöft*

Das „Lotsenhaus Seemannshöft" in Finkenwerder an der Einfahrt zum Hamburger Hafen, am südlichen Elbufer gegenüber von Teufelsbrück auf einer Landzunge gelegen, ist ein ganz besonderes Ausflugsziel. Die meisten Touristen kennen es vom Sehen her, allerdings nur von der anderen Elbseite aus: Wenn man zwischen Altona und Blankenese am Ufer spazieren geht oder dort aus einem Café auf die Elbe schaut, fällt einem der ungewöhnliche Backsteinbau mit dem roten Turm und der großen Uhr sofort ins Auge – und genau das wollte sein Erbauer: Es sollte das erste markante Wahrzeichen Hamburgs sein, das die Seeleute zu sehen bekamen. Das Lotsenhaus war eines der ersten Hamburger Bauwerke des Architekten Fritz Schumacher, der das Stadtbild prägte wie kein zweiter. Es wurde während des Ersten Weltkriegs fertiggestellt und dient seither als Lotsenstation. Nach wie vor ist es keinem großen Schiff gestattet, die Elbe ohne Lotsen hinaufzufahren, denn kein Kapitän kennt sich so gut im Hafen aus wie die Lotsen, da kann auch die modernste Technik nicht mithalten. Der 28 Meter hohe Turm bietet den Wachleitern des Schiffsmeldedienstes, der hier ebenfalls untergebracht ist, in beide Richtungen freie Sicht, nach Westen bis zur Elbmündung und nach Osten bis zu den Landungsbrücken. In den 1950ern kam eine Radarstation hinzu, die es endlich möglich machte, Schiffe auch bei Nebel genau zu orten.

Besichtigen kann man das Lotsenhaus von innen zwar nicht, aber dafür bietet sich einem hier ein ganz besonderes Schauspiel: Man kann die Lotsen nämlich bei ihrer Arbeit beobachten und zuschauen, wie der Elblotse und der Hafenlotse einander abwechseln. Der an Bord befindliche Lotse verlässt das Schiff über die Lotsenleiter und wird von seinem Kollegen abgelöst, der per Boot zum Schiff übergesetzt wird. Dann erklimmt jener die Leiter, und weiter geht die Fahrt – ein Job nur für Schwindelfreie, vor allem bei den großen Containerschiffen. Und natürlich findet er bei jedem Wetter statt, bei Tag wie auch bei Nacht; nachts allerdings mithilfe großer Scheinwerfer.

TIPP Auf der gegenüberliegenden Landzunge befindet sich der Gorch-Fock-Park mitsamt Freibad – dem einzigen Schwimmbad, wo man das Gefühl haben kann, direkt mit den „großen Pötten" zu planschen, die auf der Elbe vorbeifahren.

Lotsenhaus Seemannshöft, Bubendeyweg 33, 21129 Hamburg
ÖPNV: Fähre 62, Haltestelle Bubendey-Ufer

Wie anno dunnemal

49 *Der „Alsterpavillon“*

Dass der „Alsterpavillon“ über 200 Jahre auf dem Buckel hat, sieht ihm niemand an. Und es stimmt auch streng genommen nicht wirklich: Das jetzige Gebäude wurde 1952/53 errichtet, nachdem sein Vorgänger im Krieg zerbombt worden war, und jener Vorgängerbau war bereits „Alsterpavillon“ Nummer fünf gewesen. Was immer gleich blieb, war indes die Lage am mondänen Jungfernstieg, der auch schon im 19. Jahrhundert eine beliebte Flaniermeile war. Ein Kaffeehaus in dieser Lage und mit Terrasse direkt an der Binnenalster war eine regelrechte Goldgrube. Der erste „Alsterpavillon“ öffnete im Jahr 1799 seine Pforten, kurz nachdem der Senat den Jungfernstieg hatte verbreitern, begrünen und mit Laternen versehen lassen. Seither musste das Gebäude immer wieder instand gesetzt, abgerissen, neu gebaut und dabei meistens auch vergrößert werden. Der aktuelle Bau aus den 1950er-Jahren ist die bislang langlebigste aller sechs Varianten. Als er in den 90ern erneut baufällig geworden war, veranstaltete die Patriotische Gesellschaft einen Architekturwettbewerb, um einen neuen, zeitgemäßen Pavillon zu errichten. Doch am Ende beschloss der neue Pächter, am Erscheinungsbild nichts zu ändern und stattdessen mehr als 10 Millionen Mark in die Sanierung zu stecken – ein Betrag, der ermessen lässt, wie gut hier die Geschäfte laufen. Dass kein neues Gebäude entstand, war ein großes Glück. Auch wenn der Bau mit der großen Glasfront und dem abgerundeten Flachdach fast ein wenig aus der Zeit gefallen scheint, macht genau das ja einen Großteil seines Charmes aus. Es gibt nur noch wenig Architektur aus den 50ern in der Stadt, und auch wenn der „Alsterpavillon“ heute von der Ausstattung her auf dem neuesten Stand ist, bekommt man beim Kaffee auf der Terrasse noch immer ein Gefühl dafür, wie es hier wohl früher einmal zugegangen sein und wer hier wohl schon alles gesessen haben mag. Inzwischen steht der Pavillon unter Denkmalschutz – die Wahrscheinlichkeit, dass er doch irgendwann noch abgerissen wird, ist also glücklicherweise recht gering.

Alsterpavillon, Jungfernstieg 54, 20354 Hamburg, www.dein-alex.de/hamburg
ÖPNV: S1/S2, Haltestelle Jungfernstieg

Der älteste Italiener der Stadt

50 *Cucina italiana im „Cuneo"*

Im Jahr 1907 begannen in Hamburg die Arbeiten am ersten Tunnel unter der Elbe. Es war ein echtes Mammutprojekt, das sich nur mit einheimischen Arbeitskräften nicht bewerkstelligen ließ, und so kamen für den Bau des Elbtunnels erstmals Gastarbeiter in die Stadt. Darunter waren auch viele Italiener, und so passte es wunderbar, dass zuvor keine 500 Meter von ihrer Arbeitsstelle entfernt Francesco Cuneo sein Lokal eröffnet hatte. Es war das einzige italienische Restaurant in der ganzen Stadt.

Es gibt kaum eine traditionsreichere Einrichtung auf dem Kiez, in der es so gutes Essen gibt wie hier. Zudem ist das Haus nach wie vor im Familienbesitz: Ein paar Generationen nach Gründervater Francesco hat inzwischen dessen Urenkelin Franca Cuneo die Geschäftsleitung übernommen. Am Konzept hat sie jedoch nichts geändert, und warum auch? Was seit über 100 Jahren funktioniert, muss ja nicht auf Biegen und Brechen „modernisiert" werden. Das Erfolgsrezept des „Cuneo" sind nach wie vor die schlichten, aber mit extrem viel Sorgfalt zubereiteten Klassiker der italienischen Küche und die eigens importierten Weine, die das Familienetikett der Cuneos tragen.

Kein Wunder, dass das „Cuneo" seit Langem als wichtige Anlaufstelle der Hamburger Prominenz gilt. Ein bisschen ähnelt das Restaurant in dieser Hinsicht dem „Borchardt" in Berlin, nur eben mit dem typischen Hamburger Understatement. Marius Müller-Westernhagen hat einmal gesagt, er wohne deshalb so gerne in Hamburg, weil es die einzige deutsche Stadt sei, in der er unbehelligt spazieren gehen könne. Und genauso wenig muss er damit rechnen, am Tisch von Autogramm- oder Selfie-Jägern genervt zu werden, wenn er im „Cuneo" essen geht. Für einen spontanen Besuch empfiehlt sich das Restaurant indes nicht: Man muss relativ frühzeitig reservieren. Aber das zu tun, sei jedem ans Herz gelegt, der die italienische Küche und die italienische Lebensart liebt. Jedem Gast begegnet man hier mit einer solchen Herzlichkeit, als gehöre er schon lange zur Familie.

TIPP

Das „St. Pauli Museum" ein paar Türen weiter ist ein echtes Highlight für Kiez-Fans. Hans Albers, Domenica, Beatles: Hier erfährt der Interessierte alles über den Stadtteil vom Mittelalter bis zur Gegenwart.

Cuneo, Davidstraße 11, 20359 Hamburg, www.cuneo1905.de
ÖPNV: S1/S3, Haltestelle Reeperbahn

CUNEO

4000 Quadratmeter Winter

51 *Eislaufen auf der Indoo-Eisarena*

Der Hamburger Winter ist nicht gerade bekannt dafür, mit Dauerfrost und geschlossener Schneedecke zu glänzen. Meist herrscht das berühmte „Schietwetter", und wenn es doch mal schneit, verwandelt sich der weiße Zauber oft recht schnell in grauen Matsch. Natürlich gibt es auch im Hamburger Winter immer wieder schöne, sonnige Tage, aber eine dauerhafte Kälte, die zum Beispiel die Außenalster zufrieren ließe, kommt nur alle Jubeljahre vor. Und vor allem nicht zu jener Zeit, wenn sich viele besonders nach den althergebrachten adventlichen Winterfreuden sehnen: Schlittenfahren und Eislaufen sind in der Vorweihnachtszeit in der Hansestadt leider kaum möglich.

Doch halt: Eislaufen kann man sehr wohl, und zwar durchgehend von Anfang November bis Ende Februar, denn schließlich gibt es mehrere Eislaufbahnen in der Stadt. Und die traditionsreichste von ihnen ist diese hier in den Wallanlagen am Rande des Parks „Planten un Blomen". Eröffnet wurde sie bereits 1973, als Hamburg zum wiederholten Mal die Internationale Gartenbauausstallung ausrichtete, und sie war damals – wie auch heute noch – Europas größte künstliche Eisbahn unter freiem Himmel.

Heute heißt sie „Indoo-Eisarena Hamburg" und hat weit mehr zu bieten als bloß eine 4000 m² große Eisfläche und einen Schlittschuhverleih. Und ich meine damit gar nicht das Bistro oder die Glühweinbude, denn so etwas wird sicherlich jeder erwarten (und vielleicht auch benötigen), der einige Zeit auf dem Eis herumgekurvt ist. Nein, es gibt einen besonderen Service für alle, die hier eine Feier ausrichten möchten. Kindergeburtstage stehen genauso hoch im Kurs wie Weihnachtsfeiern mit „Glühwein-Flatrate", für die auf Wunsch Eisstockschießen organisiert wird. Und wenn es freitags und sonnabends dunkel wird, dann wird das Eis noch einmal abgezogen, bevor um acht ein DJ auflegt und die Eisläufer mit Sound und Lichtshow begeistert. Wer mag und kann, darf gerne tanzen. Aber bitte auf Schlittschuhen.

TIPP Südlich der Eisbahn, nur ein paar Meter den Holstenwall hinunter, liegt das „Museum für Hamburgische Geschichte" – ein absolutes Muss für alle, die mehr über die Historie der Hansestadt erfahren möchten. Extratipp: das sonntägliche Brunch-Büfett im Museumscafé.

Indoo-Eisarena, Holstenwall 30, 20355 Hamburg, www.eisarena-hamburg.de

ÖPNV: U3, Haltestelle St. Pauli; Bus 112, Haltestelle Handwerkskammer

Affenfries und Nebelmeer

52 *Die Kunsthalle*

Er dreht dem Betrachter den Rücken zu, und doch meint man, die ganze Sehnsucht des Mannes in dem schwarzen Gehrock zu spüren, der sich auf seinen Stock stützt und von einem Felsvorsprung aus in das fast unwirklich scheinende, wolkenverhangene Tal unter sich blickt. Er hat sein Ziel erreicht und steht doch am Abgrund. Tausendfach wurde das Motiv kopiert, doch es gibt nur ein Original: Caspar David Friedrichs „Wanderer über dem Nebelmeer" von 1818 ist eines der wichtigsten Werke der Romantik und das bekannteste Gemälde der Hamburger Kunsthalle.

Die Kunsthalle ist schon deshalb so bemerkenswert, weil sie eines der wenigen großen Ausstellungshäuser in Deutschland ist, die einen kompletten Überblick über die Kunst vom Mittelalter bis zur Gegenwart bieten. So sind hier auf ganz besondere Weise Entwicklungen und Zusammenhänge zu entdecken. Ein Schwerpunkt der über 700 ständig gezeigten Werke ist die Malerei des 19. und beginnenden 20. Jahrhunderts, mit Werken von Philipp Otto Runge, Max Beckmann oder Paul Klee. Zu den bekanntesten Werken der Kunsthalle zählen Manets *Nana,* Munchs *Madonna*, der *Affenfries* von Franz Marc und Paul Klees *Revolution des Viadukts*. Ein weiteres Highlight ist das Kupferstichkabinett, das rund 130.000 Drucke, Zeichnungen, Grafiken und Fotografien vom 15. Jahrhundert bis zur Gegenwart beherbergt und stets eine interessante Auswahl präsentiert.

Ansonsten ist für die Kunst nach 1945 die angegliederte „Galerie der Gegenwart" zuständig, die vom Architekten Oswald Mathias Ungers konzipiert wurde und 2016 ihr 20-jähriges Bestehen feierte. In ihrer strengen Würfelform scheint sie das alte Kunsthallen-Gebäude zugleich zu kommentieren und weiterzuentwickeln. Seit ihrem Bestehen hat sie immer wieder mit großen Sonderausstellungen für Aufmerksamkeit gesorgt, unter anderem zu Max Liebermann, Eduard Manet oder Keith Haring. Außerdem beherbergt die „Galerie der Gegenwart" einen der besten Hamburger Museumsshops.

TIPP Für alle, die sich praktisch mit Kunst beschäftigen möchten, bietet die Kunsthalle regelmäßig Kurse an, auch für Kinder, Jugendliche und Familien. Von der Tonwerkstatt bis zur Kunsttheorie ist immer viel Interessantes dabei.

Hamburger Kunsthalle, Glockengießerwall 5, 20095 Hamburg
www.hamburger-kunsthalle.de
ÖPNV: S/U, Haltestelle Hauptbahnhof

DALÍ, ERNST, MIRÓ, MAGRITTE... SURREALE BEGEGNUNGEN
KUNSTHALLE

Ins kühle Nass

53 *Die Strandperle*

In meiner Jugendzeit, in den 1980er-Jahren, war nicht daran zu denken, in der Elbe zu baden. Ein Stück hinter Hamburg flussaufwärts schwammen beim AKW Krümmel tote Fische im Fluss, und an den Stränden der Hansestadt wurde oft noch der Chemieschaum aus der DDR angeschwemmt. Diese Zeiten sind glücklicherweise längst vorbei. Die Elbe ist in Hamburg heute wieder so sauber wie zuletzt vor 150 Jahren. Über 100 verschiedene Fischarten leben wieder im Fluss, nicht zuletzt der zwischenzeitlich fast ausgestorbene Elb-Lachs.

Das bedeutet auch, dass die zahlreichen Badestellen an der Elbe in und um Hamburg wieder gefahrlos zu nutzen sind. Fast überall kann man seine Kinder bedenkenlos planschen lassen, so auch hier, 300 Meter westlich vom Fähranleger Neumühlen/Övelgönne. Es ist vielleicht nicht der schönste Strandabschnitt an der Hamburger Elbe, aber es ist mit Sicherheit einer der interessantesten, denn hier gibt es die „Strandperle", eine der beliebtesten Strandkneipen der Stadt. Anders als die vielen Beach Clubs hat die „Strandperle" sogar das ganze Jahr geöffnet. Wer also außerhalb der sommerlichen Hochsaison einen Spaziergang an der Elbe unternimmt, kann sicher sein, hier immer ein kühles Astra oder einen Kaffee und einen Happen zu essen zu bekommen. Man kann das „Oberdeck" sogar für Weihnachtsfeiern buchen.

Dabei ist die „Strandperle" traditionsreicher als viele glauben: Bereits zu Beginn des 20. Jahrhundert gab es an dieser Stelle ein Lokal, die „Altona Milchhalle", in dem die Badenden zwischendurch gerne – nomen est omen – ein Glas Milch tranken. Die „Strandperle" als solche gibt es aber auch schon seit 1973. Hier heißt es: sehen und gesehen werden, aber glücklicherweise ziemlich niedrigschwellig – vor allem junge Leute und Familien mit Kindern bevölkern den Övelgönner Strand, der mitsamt „Strandperle" im Juni 2017 von der *New York Times* zu den Top 10 „Orten am Wasser in Europa" gewählt wurde. Und inzwischen kann man hier ja zum Glück auch wieder baden. Man sollte nur nicht zu weit hinausschwimmen, um nicht dem Schiffsverkehr in die Quere zu kommen.

Strandperle, Övelgönne 60, 22605 Hamburg, www.strandperle-hamburg.de
ÖPNV: Bus 112/Fähre 62, Haltestelle Neumühlen/Övelgönne

Klein, rund, lecker

54 *Die Pizzeria „Alt Hamburg“*

Diese von einer kroatischen Familie betriebene Pizzeria versucht nicht einmal so zu tun, als sei sie italienisch. Sie nennt sich nicht „Napoli“ oder „Salvatore“, sondern … eigentlich gar nicht – „Alt Hamburg“ ist nämlich der Name des Hotels, das die beiden oberen Stockwerke des Hauses mit der Nummer 5 am Hans-Albers-Platzes einnimmt. Und im Erdgeschoss befindet sich die Pizzeria, die schon von Weitem an der Schlange zu erkennen ist, die sich hier den ganzen Abend und die halbe Nacht hindurch bildet. Und das nicht einmal, weil die Betreiber besonders langsam arbeiten: Man bestellt am Fenster, kann direkt zugucken, wie die Pizzen belegt werden, und dann dauert es kaum eine Minute, bis der große Holzofen mit ihnen fertig ist. Dabei kostet jede Pizza gerade einmal 2 Euro, mit bis zu drei Belägen nach Wahl. Wer Glück hat, erwischt auch noch einen Platz auf den Biergarnituren vor dem Laden. Oder setzt sich gleich hinein: Im Inneren ist die „Pizzeria Alt Hamburg“ ein voll eingerichtetes Restaurant.

Dennoch findet der größte Teil des Geschäfts auf der Straße statt. Es gibt keinen Ruhetag, die Pizzeria hat jeden Tag von zwölf Uhr mittags bis vier Uhr nachts geöffnet, und gefühlt ist die ganze Zeit Hochbetrieb. Entsprechend darf niemand erwarten, hier als Straßenkunde mit ausgesuchter Freundlichkeit behandelt zu werden. Dass das viele aber zusätzlich zur oft recht langen Schlange durchaus in Kauf nehmen und immer wiederkommen, liegt daran, dass die Pizza hier ausgesprochen lecker ist. Der Teig ist dünn und knusprig, die Beläge sind nicht zu reichlich, das Ganze ist auch nicht mit Käse zugekleistert; tatsächlich erinnert die Pizza hier eher an das Original aus Neapel als an das, was Hersteller von Fertignahrung aus der Pizza gemacht haben. Und das auch noch zu diesem Preis – unschlagbar. Nur ein Tipp zum Schluss: Satter als eine machen zwei der kleinen Pizzen, und niemand wundert sich, wenn sich hier jeder mehr als eine pro Person bestellt.

TIPP Kultur gefällig? Dann sehen Sie sich das bronzene Hans-Albers-Standbild in der Mitte des Platzes an. Geschaffen wurde es 1985 von Jörg Immendorf; der ließ es nach einem Streit mit der Stadt Hamburg entfernen – heute steht hier eine Kopie. Trotzdem schön.

Pizzeria Alt Hamburg, Hans-Albers-Platz 5, 20359 Hamburg
ÖPNV: S1/S3, Haltestelle Reeperbahn

Dose

Alte Bücher und feiner Tee

55 *Ein Bummel durch die „Mellin-Passage“*

Das auffälligste Merkmal der „Mellin-Passage“, die den Neuen Wall mit den Alsterarkaden verbindet, sind die fantastischen Jugendstil-Deckenmalereien, die um 1900 herum entstanden. Dabei war die Passage zu dieser Zeit schon fast ein „alter Hut“: Eröffnet wurde sie bereits 1864, dem Jahr des Deutsch-Dänischen Kriegs, und aus dieser Zeit stammt auch der Name der Passage, der, wie man an einem erhaltenen (beziehungsweise restaurierten) Schriftzug ablesen kann, auf die Biskuitbäckerei Mellin zurückging, die hier angesiedelt war: „Mellin's Food“ steht dort in großen weißen Lettern.

Dabei sind zwei der vier Geschäfte, die man heute in der „Mellin-Passage“ findet, kaum weniger traditionsreich. Da ist zum einen Buchhandlung „Felix Jud“ mit angeschlossenem Antiquariat und Kunsthandel, die auf eine mehr als 90-jährige Geschichte zurückblickt. Mit Recht taucht sie als eine von nur sechs deutschen Buchhandlungen in Rainer Moritz' Buch „Die schönsten Buchhandlungen Europas“ auf. Ihr gegenüber präsentiert die Hamburger Niederlassung der 1763 von Friedrich dem Großen gegründeten Königlichen Porzellan-Manufaktur Berlin (KPM) edles Porzellan. Ein exklusiver Teehändler und ein Geschäft für kreative Designertaschen runden das Angebot der „Mellin-Passage“ ab.

Das alles ist sicherlich nicht gerade etwas für Schnäppchenjäger, aber einen Besuch ist die Passage allemal wert, allein schon wegen ihrer Gestaltung. Der Namenspate der Passage, Bäcker Mellin, war einst aus London nach Hamburg eingewandert, und tatsächlich kommt man sich vor den edlen dunklen Holzfassaden der Läden in der ältesten und zugleich kleinsten Einkaufspassage der Hansestadt ein wenig wie bei „Harrod's“ oder „Harvey Nichols“ vor. Dabei waren die Wand- und Deckenmalereien längst übermalt und in Vergessenheit geraten, als 1989 ein Feuer in der Passage ausbrach. Erst im Rahmen der Restaurierung des historischen Gebäudes fand man die alten Bilder und den „Mellin“-Schriftzug wieder und stellte den Originalzustand her.

Mellin-Passage, Neuer Wall 13, 20354 Hamburg
ÖPNV: S1/S3, Haltestelle Jungfernstieg

Zuckerwatte und Achterbahn

56 *Das Volksfest „Hamburger Dom“*

Dreimal im Jahr, im Frühjahr, im Spätsommer und zu Beginn des Winters, wird das sonst eher trostlos wirkende Heiligengeistfeld am Rande von St. Pauli zu einem bunten, lauten, glücklich machenden Ort: Dann gastiert hier für jeweils vier Wochen das größte norddeutsche Volksfest, der „Hamburger Dom“. Von weithin verkündet dann das Riesenrad, dass es wieder Zeit ist für Zuckerwatte und gebrannte Mandeln, für Kettenkarussell und Achterbahn.

Der Grund dafür, dass der Dom „Dom“ heißt, reicht bis ins Mittelalter zurück, als sich Gaukler und Schausteller bei Regen und Wind im Mariendom in der Hamburger Innenstadt unterstellen durften. Diese Praxis verbot zu Beginn des 14. Jahrhunderts der Hamburger Erzbischof, doch nach heftigen Protesten wurde das Verbot drei Jahre später wieder aufgehoben und der Platz neben dem Dom offiziell zum Standort des städtischen Volksfestes ernannt. Über kurz oder lang wurde für die Hamburger das Wort „Dom“ zum Synonym für ihren Jahrmarkt. 1805 riss die Stadt den baufälligen Mariendom ab, und die weltlichen Attraktionen in seinem Schatten mussten ebenfalls weichen – die Schausteller hatten in der protestantischen Stadt keine allzu große Lobby mehr. Ab sofort bevölkerten sie wieder, wie ein halbes Jahrtausend zuvor, die einzelnen Hamburger Marktplätze wie den Zeughausmarkt oder den Gänsemarkt. Erst 1893 erbarmte sich die Stadt und schuf einen neuen zentralisierten Standort für ein Volksfest – auf dem Heiligengeistfeld. Dass man den Jahrmarkt nach fast 100 Jahren Pause immer noch (beziehungsweise wieder) „Dom“ nannte, und das, obwohl im gleichen Jahr im Stadtteil St. Georg ein neuer Mariendom fertiggestellt wurde, ist ein Beweis dafür, dass das Volksfest zumindest für Teile der Bevölkerung einen höheren Stellenwert besaß als die Kirche.

Bis 1948 fand der Hamburger Dom nur im Winter statt, dann kamen der „Frühlingsdom“ und der „Sommerdom“ hinzu. Doch am schönsten lassen sich gebrannte Mandeln und Schaschlik ohnehin im Winter genießen.

Hamburger Dom, Heiligengeistfeld, 20359 Hamburg, www.hamburg.de/dom

ÖPNV: U3, Haltestelle St. Pauli; Haltestelle Feldstraße

Kunst und feuchte Wiesen

57 *Spaziergang durch den Jenischpark*

Dies ist einer der schönsten Parks Hamburgs. Gerade im Sommer ist es im Stadtpark oft voll und laut – der Jenischpark ist hingegen das ganze Jahr über eine Oase der Ruhe. Er entstand bereits im 18. Jahrhundert, als der Hamburger Kaufmann Caspar Voght das unbebaute Gelände kaufte und vom schottischen Landschaftsgärtner James Booth in eine Parklandschaft nach englischem Vorbild verwandeln ließ. Er orientierte sich dabei am damals sehr populären Konzept der „Ornamental Farm": einer künstlich angelegten, aber in allen Details der Natur nachempfundenen Ideallandschaft mit Wiesen, Waldstücken und landwirtschaftlich genutzten Flächen, genau wie beim Anwesen des Dichters William Shenstone, für das Voght schwärmte. Die Besucher sollten bei einem Rundgang nacheinander ganz verschiedene Landschaftsabschnitte erleben, zu denen auch vereinzelte Gebäude gehörten. Das markante „Jenisch-Haus" im Westen des Parks gab es damals allerdings noch nicht, es entstand erst rund 30 Jahre später, nachdem Voght den Park an Senator Martin Jenisch verkauft hatte. Seit Mitte der 1950er-Jahre ist im „Jenisch-Haus" das „Museum für hanseatische Wohnkultur" untergebracht, eine Außenstelle des Altonaer Museums. Ein Stück nordwestlich davon gibt es noch mehr Kultur: Hier steht das „Ernst-Barlach-Haus", das Werke des bedeutenden norddeutschen Bildhauers präsentiert und Sonderausstellungen zeigt.

Es gibt im Jenischpark aber auch ganz unberührte Natur: Im Süden des Parks befindet sich das Flottbektal, mit nur 8 Hektar das kleinste Hamburger Naturschutzgebiet. Es ist eines der letzten Feuchtwiesen-Biotope entlang der Hamburger Elbe – die Gezeiten bestimmen den Bachlauf der Flottbek, die durch das kleine Tal läuft, bei Sturmflut stehen die Wiesen unter Wasser. Daher dient das Flottbektal als Lebensraum für viele bedrohte Tiere und Pflanzen. Hier sind mehrere Fledermausarten, vor allem aber seltene Vögel wie Grasmücke, Eisvogel, Waldkauz und Grünspecht beheimatet. Die Flora ist mit Schachbrettblume, Wildtulpe und Schwarzer Flockenblume ebenfalls bemerkenswert.

Jenischpark, Baron-Voght-Straße/Hochrad, 22609 Hamburg
ÖPNV: Bus 15, Haltestelle Hochrad

Party vorm Rochenbecken

58 *Hagenbecks Tropen-Aquarium*

Wenn in Hamburg mal wieder das berühmte „Schietwetter“ herrscht (was zugegebenermaßen relativ häufig der Fall ist), dann gibt es vor allem im Winter, wenn sich die Temperaturen dem Gefrierpunkt nähern, kaum etwas Beglückenderes, als dahin zu entfliehen, wo das beste Kontrastprogramm herrscht: Und das ist im Tropen-Aquarium von Hagenbeck der Fall.

Die Macher der 2007 eröffneten Anlage haben sich wirklich ins Zeug gelegt. Anders als bei anderen Aquarien in den europäischen Hauptstädten ist das Troparium nämlich nicht nur eine Ansammlung von fischbesetzten Becken, sondern eine komplette Erlebnislandschaft, die direkt tropisch anmutet – und das bezieht sich nicht nur auf die Temperaturen, die hier herrschen.

Alle Jacken, Schals, Handschuhe und am besten auch Pullover bleiben draußen im Spind – alles andere rächt sich, sobald man durch die Schleuse tritt. Und hier gibt es auch schon die erste Überraschung: Äffchen, die im Vorraum frei herumlaufen und -turnen und einen auf das Tropenerlebnis mit über 300 verschiedenen Tierarten einstimmen. Weiter geht es mit Schlangen und anderen Reptilien in detailverliebt gestalteten Terrarien, die sofort erkennen lassen, aus welchem Teil der Welt die Tiere stammen. Vorbei am großen Teich mit den Nilkrokodilen, geht es schließlich hinein in die Welt der Fische. Süßwasser, Salzwasser, Brackwasser – alle Lebensräume sind vertreten, immer mit vielen hochinteressanten Informationen, die für so manches Aha-Erlebnis sorgen. Zwischendurch bereiten exotische Insekten und Spinnentiere auf das imposante Finale vor: das „Große Hai-Atoll“, ein riesiges Schauaquarium mit einer 14 Meter breiten konkaven Scheibe aus 22 Zentimeter dickem Acrylglas, das 1,8 Millionen Liter Wasser fasst und in dem zahlreiche Haie, Rochen und andere Großfische eine Heimat gefunden haben. Wer eine wirklich spektakuläre Location für eine Veranstaltung sucht, der ist hier übrigens genau richtig: Man kann den Raum mit dem Riesenbecken nämlich mieten.

Tropen-Aquarium Hagenbeck, Lokstedter Grenzstraße 2, 22527 Hamburg
www.hagenbeck.de/tropen-aquarium/start.html
ÖPNV: U2, Haltestelle Hagenbecks Tierpark

Volldampf voraus!

59 *Eine Fahrt mit dem Alsterdampfer*

Die Alsterdampfer sind eine traditionsreiche Institution, aber wie traditionsreich genau, das wissen nicht einmal die meisten Hamburger. Der „Verein Alsterdampfschiffahrt" besitzt nämlich die älteste Dampfschiffflotte der Welt, drei seiner Alsterdampfer wurden in den 1870er-Jahren gebaut. Einer davon, die „St. Georg", ist sogar immer noch regelmäßig in Betrieb; sie ist das älteste Dampfschiff Deutschlands und selbstverständlich auch das älteste betriebsfähige Hamburger Nahverkehrsmittel. Sie wurde mehrmals umgebaut und fuhr zwischendurch auf Berliner Gewässern. Als sie Ende der 1980er-Jahre verschrottet werden sollte, fanden sich ein paar Enthusiasten, die das traditionsreiche Gefährt in die Hansestadt zurückholen wollten – der „Verein Alsterdampfschiffahrt" war geboren. In einer Dresdner Werft wurde die „St. Georg" in den Zustand der 1930er-Jahre zurückversetzt, und seit Mitte der 90er steht ihre Zweizylindermaschine wieder „unter Dampf" und befördert Passagiere auf der Alster.
Es gibt keine bessere Möglichkeit, die Alster zu erkunden, als auf einem der Dampfer. Die Rundfahrt startet am Anleger Jungfernstieg, passiert die Lombardsbrücke und führt dann einmal um die Außenalster herum. Einen beeindruckenderen Blick auf das Hamburger Panorama dürfte es kaum geben. Empfehlenswert ist auch die Kanalfahrt, bei der man die verwunschenen Kanäle erkundet, die in die Außenalster münden. Der Mundsburger Kanal führt zum nur vom Wasser aus zugänglichen kreisrunden Rondeelteich, bevor es am Leinpfad mit seinen historischen Bürgerhäusern und am Winterhuder Fährhaus vorbei zurück in Richtung Jungfernstieg geht.

TIPP Auf der rechten Seite der Binnenalster am Ballindamm liegt das „Alsterschiff Galatea – Bei Bruni", ein schwimmendes Pizzeria-Café.

Die Alsterdampfer dienen aber auch ganz einfach als bequemes Verkehrsmittel: Am Wochenende und an Feiertagen gibt es einen Shuttle-Dampfer, der Passagiere im Viertelstundentakt für 2 Euro zwischen der Uhlenhorst am Ostufer und dem Alsterpark am Westufer der Alster hin und her fährt. Wer beide Seiten der Außenalster erkunden möchte, spart so rund 3 Kilometer Fußweg.

Anleger Jungfernstieg, Jungfernstieg 58, 20354 Hamburg
www.alsterdampfer.de
ÖPNV: S1/S3, Haltestelle Jungfernstieg

SIELBEK
SUSEBEK

Gutes bleibt

60 *Das „Gretel & Alfons" auf der Großen Freiheit*

Nichts bleibt, wie es war – diese Binsenweisheit trifft heute genauso zu, wie sie es schon immer tat. Aber an manchen Orten fällt der Wandel mehr ins Auge als anderswo, gerade in einer Stadt wie Hamburg. Und zu diesen Orten zählt St. Pauli. Das traditionelle Vergnügungsviertel der Hansestadt, nur einen Steinwurf von den Landungsbrücken entfernt, wird heute nicht mehr wie noch zu Hans Albers' Zeit von Matrosen auf Landgang bevölkert, die ihre Heuer mit den „leichten Mädchen" von der Reeperbahn durchbringen – zumindest nicht mehr in nennenswertem Maße, zumal die heutigen Containerschiffe ja gar nicht mehr in diesem Teil des Hafens anlegen. Nein, heute gehört der „Kiez" den Touristen und den Club-Gängern. Und die „Clubs" bieten heute nicht mehr Striptease und Live-Sex für Voyeure, sondern House und Elektro für Tanzwütige.

Das gilt auch für die vielen Bars und Clubs in der Großen Freiheit, St. Paulis zweitberühmtester Straße. Nackte Haut gibt es hier zwar auch noch, hochglanzpoliert im „Dollhouse" nämlich, aber vor allem am Wochenende erinnert der Betrieb heute an die Strandpromenade in einem überlaufenen Touristenort am Mittelmeer. Nur ohne das warme Klima. Drängelig und laut ist es, ständig versucht jemand, einem einen Gutschein für Weißderhimmelwas in die Hand zu drücken. Umso schöner, dass es hier wenigstens noch einen Ort gibt, der Ruhe verspricht. Eine Kneipe, in der man den Kiez noch so erleben kann, wie er früher einmal war.

Seit über 60 Jahren gibt es das „Gretel & Alfons", und seither hat sich auch die Einrichtung der holzgetäfelten Räume mit ihren Schiffsmodellen und Bildern alter Segler kaum geändert. Hinzugekommen sind höchstens die Devotionalien für eine Band, die zu Beginn ihrer Karriere regelmäßig im „Gretel & Alfons" einkehrte. Der damalige Manager der Beatles, Allan Williams, schrieb über diese Kneipe: „Es war nichts allzu Besonderes, aber aus irgendeinem Grund war es der Lieblingsladen der Beatles." Und das trifft es eigentlich ganz gut – man weiß gar nicht so recht warum, aber man fühlt sich hier einfach wohl.

Gretel & Alfons, Große Freiheit 29, 22767 Hamburg, www.gretelundalfons.de
ÖPNV: S1/S3, Haltestelle Reeperbahn

Ein Stück Italien an der Elbe

61 *Der „Römische Garten“*

Ein richtiges Jugendstil-Kleinod, das beileibe nicht jeder Hamburger kennt – das ist der in 30 Metern Höhe über der Elbe gelegene „Römische Garten“ in Blankenese. Die Frage ist nur: Wie kommt man am besten hin? Nun, das geht auf zweierlei Wegen: Wer sich dem Garten vom Wasser aus nähert, beispielsweise weil er ohnehin gerade an der Elbe spazieren geht, den führt vom Falkensteiner Ufer aus direkt eine (allerdings recht steile) Treppe empor. Oder man fährt mit dem Bus bis zur Haltestelle Elbhöhenweg und läuft dann ein Stück durch den Wald über den Waseberg (hinter Falkentaler Weg Nummer 23 rechts halten). Das dauert auch zehn Minuten, ist aber ein bisschen weniger beschwerlich.
In jedem Fall lohnt sich der Weg: Der unter Denkmalschutz stehende „Römische Garten“ entstand in den 1880er-Jahren, als sich die Gartenbaukunst erstmals seit Langem weniger an den Engländern orientierte und dafür mehr an den Italienern. Tatsächlich lassen einen die Details der terrassenförmigen Anlage wie die fein getrimmten Hecken und Koniferen oder die steinernen Treppen und Geländer fast ein wenig an die Toskana denken, was den „Römischen Garten“ zu einem wunderbaren Ausflugsziel für laue Sommerabende macht. Bei Hamburger „Schietwetter“ mit Wind und Nieselregen ist die Illusion zugegebenermaßen nicht ganz so perfekt – vor allem in dieser luftigen Höhe direkt über dem Wasser.
Wenn aber alles stimmt, auch das Wetter, sollte man sich im Sommer vor allem die Freiluftaufführungen des Vereins „Theater N. N. Hamburg e. V.“ nicht entgehen lassen: In einem von einer Eibenhecke eingefassten Rondell bringt der Verein klassische Dramen und Komödien auf die Bühne, während auf der vorgelagerten flachen Rasentreppe bis zu 200 Zuschauer Platz finden. Wer schlau ist, bringt sich von zu Hause eine Decke und einen Picknickkorb mit. Schon 1924 gab es hier solche Theateraufführungen, und „Theater N. N.“ hat diese Tradition vor über zehn Jahren wieder aufleben lassen – eine echte Bereicherung der Hamburger Theaterlandschaft.

Römischer Garten, 22587 Hamburg
ÖPNV: Bus 48, Haltestelle Elbhöhenweg

Eine Legende zum Wippen

62 *Der Schaukel-Jeep*

Es gibt Autos, deren markante Silhouette schon auf 100 Meter Entfernung erkennen lassen: Ach guck, ein VW Käfer. Eine Ente. Ein Porsche 911. Oder ein Willys MB. Moment, was? Zugegeben, bei dieser Ikone des Automobilbaus ist der Modellname nicht halb so bekannt wie ihr Äußeres. Aber einen Jeep, vor allem *den* Jeep, den Ur-Jeep sozusagen, kennt und erkennt jeder. Das liegt auch daran, dass er das Standard-Allzweckfahrzeug der US- und der britischen Armee war und in der Besatzungszeit nach dem Zweiten Weltkrieg tausendfach in Deutschland herumfuhr. Auch wenn die Firma später mehrere Baureihen auf den Markt brachte, die sich optisch noch stark am Willys orientierten: Das Original ist heute eine Rarität. Umso mehr staunt mancher, wenn er von der Hamburg Messe in Richtung Feldstraße geht und auf einmal einen solchen Willys MB erspäht, stilecht in NATO-Olivgrün gehalten. Erst wenn man näher herankommt, merkt man, dass da etwas nicht stimmt. Dieser Jeep scheint über dem Boden zu schweben. Und es spielen Kinder darauf.
Des Rätsels Lösung ist ganz einfach: Das Gefährt ruht auf mehreren Spiralfedern, und es ist nicht zum Fahren, sondern zum Spielen gedacht – eine Art „Schaukel-“ oder „Wipp-Jeep“ in Originalgröße aus Metall und Holz. Das Martialische des Kriegsfahrzeugs wird durch die ins Holz eingeritzten Tiere ein wenig abgemildert. Der Jeep steht vor einer erhöhten Grünfläche vor dem neuen „Tschaikowsky-Haus“, dem Kulturzentrum der russisch-orthodoxen Kirche, für das vor ein paar Jahren ein wunderschönes, aber leider von Termiten (!) befallenes Fachwerkhaus abgerissen wurde. Umso erfreulicher, dass der „Schaukel-Jeep“ den Umbauarbeiten nicht weichen musste. Denn er macht Kindern genauso viel Spaß wie Erwachsenen – denn seien wir mal ehrlich: Auf welchem Spielplatz finden Erwachsene heute noch etwas zum Wippen oder Schaukeln, für das sie nicht zu groß sind? Und ein Auto in Originalgröße nimmt zudem vielen Älteren die Schwellenangst. Wenn die Kinder sie denn überhaupt dranlassen.

Tschaikowskyplatz, 20355 Hamburg
ÖPNV: U2, Haltestelle Messehallen

Nicht nur für Kuchenfans

63 *Die Trinkhalle im Stadtpark*

In Nordrhein-Westfalen versteht man unter einer „Trinkhalle" heute in der Regel einen Kiosk oder ein „Büdchen", an dem man sich etwas zu trinken kaufen kann. Der Begriff geht zurück auf das ausgehende 19. Jahrhundert, als die Städte, um den Alkoholkonsum der Arbeiter einzudämmen, vor den Toren der Fabriken und Zechen Buden errichten ließen, in denen Mineralwasser ausgeschenkt wurde. Die heutigen Trinkhallen in NRW verkaufen Bier und Schnaps, und auch die über 100 Jahre alte „Trinkhalle im Stadtpark", um die es hier geht, ist nicht unbedingt für ihr Wasser bekannt.
Zumindest nicht mehr: Als der Bau 1916 malerisch am kurzen Ende einer kunstvoll angelegten Rasenfläche platziert wurde, diente er nämlich wie seine Pendants im Rheinland und Ruhrgebiet der Gesundheit – als Ausschank für Heilwasser. Hierher kamen jene gesundheitsbewussten oder -bedürftigen Hamburger, die es sich nicht leisten konnten, in eines der norddeutschen Kurbäder zu reisen. Zeitweise konnte man aus bis zu 50 verschiedenen Mineralwässern wählen und anschließend einen erholsamen Spaziergang durch den Stadtpark unternehmen.
Zu einem Spaziergang lädt der Stadtpark auch heute noch ein, doch statt Heilwasser gibt es in der Trinkhalle Koffein: Heute residiert hier ein Café, das mit hausgemachten Kuchen und frischen Waffeln (täglich bis 14 Uhr) lockt – und mit dem köstlichen „Waterkant-Kaffee" aus eigener Röstung. Empfehlenswert ist auch das Frühstück: Die Varianten „Fritz" (mit Ziegenkäse und Feigenmarmelade) und „Schumacher" (mit Katenschinken und Fenchelsalami) verweisen auf den berühmten Erbauer dieses faszinierenden roten Backsteinbaus mit der Rotunde und den zwei Seitenflügeln: Der Entwurf dazu stammt aus der Feder des bedeutendsten Hamburger Architekten, Fritz Schumacher. Dessen Spuren finden sich überall in der Hansestadt. Und die „Trinkhalle" ist ein echtes Schmuckstück unter den Schumacher-Bauten.

Trinkhalle im Stadtpark, Südring 1, 22303 Hamburg, www.trinkhalle-im-stadtpark.de
ÖPNV: U3, Haltestelle Borgweg

Sonnentau und Moorfrosch

64 *Das Naturschutzgebiet Raakmoor*

Ganz im Norden Hamburgs, an der Grenze zu Norderstedt, liegt dieses Naturschutzgebiet. Mit 18 Hektar ist es zwar nicht besonders groß, birgt dafür aber eine faszinierende Vegetation, die das Raakmoor von den meisten anderen Hamburger Naturschutzgebieten unterscheidet. Es ist ein sogenanntes Übergangsmoor – bis in die Neuzeit war es ein mineralarmes Hochmoor, doch dann wurde es zur landwirtschaftlichen Nutzung entwässert.

Die Bauern sind längst wieder verschwunden, und heute ist der größte Teil des Raakmoors mit Nadel- und Laubbäumen bewaldet. Dazwischen finden sich aber auch zahlreiche Nieder- oder Reichmoorflächen, die durch einen Wechsel aus Überschwemmungs- und Trockenphasen geprägt sind. Solche Moore sind besonders nährstoffreich. Neben dem normalen Baumbestand des umgebenden Waldes gibt es immer wieder Abschnitte mit Bruchwald, also Bäumen, deren Wurzeln zeitweise komplett unter Wasser stehen. Beides – Reichmoor und Bruch – sorgt dafür, dass sich hier auch eine ganz besondere Flora und Fauna angesiedelt haben. Hin und wieder stößt man auf den blau-violetten Lungenenzian oder die geschützte Moorlilie; dort, wo permanent Wasser steht, wachsen Laichkraut und Drachenwurz, es gibt fleischfressende Pflanzen wie Wasserschlauch und Sonnentau. Auch die aromatische Moor-Gagel wächst hier, aus der schon die alten Germanen Bier brauten – eine Tradition, die mehrere Bio-Brauereien heute wieder aufgegriffen haben.

Wer viel Glück hat und sich ruhig verhält, kann im Raakmoor auch einige seltene Tierarten beobachten, unter anderem den während der Laichzeit hellblau gefärbten Moorfrosch, diverse Schlanklibellenarten und sogar Eisvögel. Eine echte Rarität ist der Lungenenzian-Ameisenbläuling: Um zu existieren, braucht dieser Spezialist Lungenenzian, der in der Nähe eines Ameisenhaufens wächst. Die Raupen des Schmetterlings fressen ausschließlich diese Pflanze, und vor dem Verpuppen fallen sie vom Blatt und bringen die Ameisen durch geschickte Mimikry dazu, sich in deren Nest tragen und durchfüttern zu lassen.

Raakmoor, 22417 Hamburg

ÖPNV: Bus 24, Haltestelle Glashütter Landstraße

Die Legende lebt

65 *Tanzen im „Mojo Club“*

Als der „Mojo Club“ Mitte der 1990er-Jahre zur Institution wurde, war er vor allem für zwei Dinge bekannt: dass man erst ab 21 Jahren hineinkam und dass vor der Tür immer eine Schlange stand. Das Erstaunliche an dieser Schlange war ihre Beständigkeit, ganz egal, wie voll es drinnen war. Sie gehörte zum Konzept, nach dem Motto: Wo Leute Schlange stehen, muss es interessant sein. Wenn man früh dran war, kam es vor, dass man eine halbe Stunde anstand, nur um einen noch leeren Club zu betreten. Aber der wurde immer sehr schnell voll, ebenso die Tanzfläche. Und das, obwohl die meisten Tanzwütigen wohl noch nie einen der Tracks gehört hatten, die die DJs Oliver Korthals und Leif Nüske hier auflegten.

Tatsächlich war die Musik das Alleinstellungsmerkmal des „Mojo Club“ – und zugleich eigentlich ein Grund dafür, den „Einlass ab 21“ möglicherweise gar nicht extra erwähnen zu müssen: Denn hier lief am Samstagabend Jazz. Der „Mojo Club“, der über die Jahre auch über ein Dutzend Sampler herausbrachte, machte quasi im Alleingang den Dancefloor-Jazz populär. Nüske und Korthals mischten Jazz und Funk aus den 1970ern mit Northern Soul und Big-Band-Sounds. Das war extrem tanzbar, und vor allem war es etwas ganz Neues, das es so sonst nirgends gab. Der Freitag war den elektronischen Klängen vorbehalten, damals in erster Linie Drum'n'Bass. Alle Größen des Genres gaben sich hier die Klinke in die Hand. Ganz nebenbei verwandelte DJ Raphaël Marionneau den Nebenraum ins „Café Abstrait“ und prägte maßgeblich das Lounge- und Chillout-Genre.

TIPP Wer allzu wild getanzt hat, findet im „Jazz Café“ direkt über dem Club Platz, um sich bei loungig-jazzigen Klängen zu regenerieren. Und anders als der „Mojo“ hat das Café jeden Tag geöffnet.

Leider war 2003 mit alldem erst einmal Schluss. Das Gebäude Reeperbahn 1 wurde abgerissen, und erst zehn Jahre später, nachdem die „Tanzenden Türme“ fertiggestellt waren, die nun an dieser Adresse den Kiez überragen, fand der „Mojo Club“ sein neues Zuhause. Fast an derselben Stelle, nun allerdings nicht mehr im Erdgeschoss, sondern über mehrere Etagen im Keller. Zum Glück hat sich musikalisch nicht viel geändert: Oliver Korthals legt immer noch auf.

Mojo Club, Reeperbahn 1, 20359 Hamburg, www.mojo.de
ÖPNV: U3, Haltestelle St. Pauli

Der schönste Biergarten

66 *Das Zollenspieker Fährhaus*

An und für sich ist der Biergarten ja nicht die norddeutscheste aller Einrichtungen, allein schon wegen des Wetters. Doch immerhin steht dieser hier am südlichsten Punkt Hamburgs, auf dem Gelände eines wahrlich historischen Gebäudes: Das „Zollenspieker Fährhaus", am Elbstromkilometer 598,5 gelegen, geht in seiner Bausubstanz bis auf das Jahr 1252 zurück, als auch die hiesige Fährverbindung über die Elbe eingerichtet wurde. Die Elbfähre ist heute noch in Betrieb, und sie ist ein wichtiger Bestandteil der Infrastruktur des südöstlichen Hamburgs – die nächsten Elbbrücken sind stromaufwärts 10 und stromabwärts 15 Kilometer entfernt. Von Anfang März bis Ende November setzt die Autofähre im Zehnminutentakt von Zollenspieker nach Hoopte über. Aber die „Erlebnis-Reederei Zollenspieker-Hoopte" hat nicht nur den regulären Fährverkehr zu bieten, sondern betreibt auch mehrere Barkassen, die man chartern kann, zum Beispiel um an Bord Hochzeit zu feiern.

Das „Zollenspieker Fährhaus" dient heute nicht mehr wie früher als Zollstation (daher der Name des Ortsteils), sondern ist ein beliebtes Vier-Sterne-Hotel mit Saunalandschaft, Beauty-Studio, einer Vinothek und drei Restaurants. Dies sind die Vierländer Stuben, das Wintergarten-Restaurant und als Drittes ein echtes Kuriosum: das ursprünglich 1880 erbaute und heute rekonstruierte „Alte Zollenspieker Pegelhäuschen", das auf einem Pfeiler über dem Wasser thront, nur per Steg zu erreichen ist und sich selbst als „kleinstes Restaurant der Welt" bezeichnet. Hier haben vier Gäste Platz, um sich auf etwa 9 Quadratmetern ganz exklusiv bewirten zu lassen und bei Vier-Gänge-Menü und Kerzenlicht dem sanften Plätschern des Flusses zu lauschen. Doch der eigentliche Star ist für mich der Biergarten, der einen wunderbaren Blick auf die Elbe bietet. Im Sommer gibt es kaum einen Ort in der Hansestadt, wo man sich besser vom Trubel der Großstadt erholen kann. Zumindest nicht, wenn man dabei ein kühles, frisch gezapftes Pils trinken möchte.

TIPP

Das seit 1954 als Freilichtmuseum betriebene „Rieck-Haus" am Curslacker Deich ist eines der ältesten Fachhallenhäuser der Gegend, und von März bis Oktober erfährt man hier viel Wissenswertes über das frühere Leben in den Vierlanden.

Zollenspieker Fährhaus, Zollenspieker-Hauptdeich 141, 21037 Hamburg
www.zollenspieker-faehrhaus.de
ÖPNV: Bus 124, Haltestelle Zollenspieker (Fähre)

Buchstäblich mittendrin

67 *Entlang des Eilbekkanals*

Die glückverheißendsten Strecken für einen Spaziergänger liegen oft dort, wo er sie gar nicht vermutet. So auch hier, im Stadtteil Eilbek östlich der Alster, einer der grünsten Ecken der Hansestadt. Vom Friedrichsberger Park aus dauert es im gemütlichen Tempo etwa eine Dreiviertelstunde bis zum Schwanenwik an der Außenalster, und die ganze Zeit geht es am Wasser entlang. Der Friedrichsberger Park, der direkt westlich vom S-Bahnhof liegt, ist im Sommer ein beliebtes Ziel der Sonnenanbeter und Grillfanatiker. Hier hindurch fließt die schmale Eilbek, die dem Stadtteil seinen Namen gibt und deren Name sich von den mittelhochdeutschen Wörtern für „Bach" und „Blutegel" ableitete – Letztere fischte man noch bis um 1900 aus dem Bach, sie kamen bei der Behandlung diverser Krankheiten zum Einsatz. Hinter dem Friedrichsberger Park wird aus dem Flüsschen dann der begradigte Eilbekkanal, und an dessen südlichem Ufer geht der Weg weiter. Zwischen Richardstraßenbrücke und Wartenaubrücke liegt eine Reihe topmoderner Hausboote, die Teil des Pilotprojekts „Wohnen auf dem Wasser" des Bezirks Hamburg-Nord sind, das 2007 startete. Damals bewarben sich 84 Architekten mit ihren Entwürfen um einen Platz auf dem Kanal, und seit ein paar Jahren kann man die zehn Gewinnerboote bestaunen.

Man lässt die Hausboote rechts liegen, und nach Überquerung der Wartenau verbreitert sich der Eilbekkanal und wird zum Kuhmühlenteich. Am besten wechselt man hier ans rechte Ufer und flaniert den Immenhof hinunter, im Schatten der neugotischen Kirche St. Gertrud, in der Helmut Schmidt konfirmiert wurde. Übrigens befindet sich auf Höhe der Kirche am Ufer des Kuhmühlenteichs – rein geografisch – der absolute Mittelpunkt Hamburgs. Hinter dem Teich sind es nur noch ein paar Hundert Meter, den Mundsburgkanal entlang, und schon erreicht man die Außenalster. Auf der linken Seite lädt die Alsterwiese Schwanenwik zum Relaxen ein. Wer mag, läuft einfach weiter nach Süden am Wasser entlang und ist flugs in der Innenstadt.

TIPP Wer sich bei Alster Surfer an der Mundsburger Brücke ein SUP-Brett mietet, kann sich die Hausboote vom Wasser aus ansehen.

S-Bahnhof Friedrichsberg, Eilbektal 111, 22089 Hamburg
ÖPNV: S1, Haltestelle Friedrichsberg

68 *Das „MS Dockville-Festival"*

Das „MS Dockville" in Wilhelmsburg ist mehr als ein x-beliebiges Musikfestival. Es ist ein Gesamtkunstwerk aus Ton, Wort, Kunst, Menschen, Begegnung, Lebensfreude. Auch wenn es immer zwei, drei Headliner gibt, die viel Publikum ziehen, so sind es doch nie die ganz großen Namen, die beim „Dockville" zu finden sind – und das aus gutem Grund. Denn es geht hier nicht so sehr um Fankult und das Anjubeln von Superstars. Alles ist eine Spur entspannter und freundlicher als andernorts. Wenn man heutzutage irgendwo noch einen Hauch von Woodstock findet, dann sicherlich hier. Das „Festival für Musik und Kunst" hält, was es verspricht, denn neben der Livemusik, den DJs und dem immer beliebteren Poetry Slam nimmt die bildende Kunst tatsächlich einen relativ großen Raum ein. Was wer in dem „MS Artville" getauften Bereich des Festivalgeländes ausstellt, variiert natürlich genauso sehr wie das Musikprogram. Oft gibt es Installationen zu bestaunen oder begehbare Skulpturen, die erst auf den zweiten Blick ihren künstlerischen Charakter oder ihre Funktionalität offenbaren. Als das Festival 2007 zum ersten Mal stattfand, kuratierte kein Geringerer als Daniel Richter diesen Teil des Festivals – nur eine Woche, nachdem seine umjubelte Einzelausstellung in der Hamburger Kunsthalle zu Ende gegangen war. Wie fruchtbar das Miteinander von Kunst und Musik sein kann, zeigte die Kooperation mit dem berühmten Roskilde-Festival vor ein paar Jahren: Mehrere Elektro-Acts vom dänischen Festival traten in Wilhelmsburg auf, im Gegenzug war dann das „Dockville Kunstcamp-Team" in Roskilde zu Gast und sorgte mit der komplett aus Festival-Leergut gebauten „Church of Beer" für Furore.

Ein großer Pluspunkt des „Dockville" ist übrigens, dass es immer Mitte August stattfindet. Denn so wenig verlässlich das Hamburger Wetter auch ist: Mitte August ist möglicherweise die einzige Zeit im Jahr, bei der einigermaßen berechtigte Hoffnung auf Wärme und Sonne besteht. Zumindest einen Teil der drei Tage.

TIPP Das „Butterland Open Air" findet drei Wochen vor dem „Dockville" auf dem Wilhelmsburger Festivalgelände statt und dauert nur einen Tag.

MS Dockville Uferpark, Schlengendeich 21, 21107 Hamburg, www.msdockville.de

ÖPNV:S3/S31 bis S-Bahnhof Veddel, dann Shuttlebusse

Strand ohne Meer

69 *Die Boberger Dünen*

Dünen – mitten in der Stadt? Und das auch noch in einer Stadt, die (so gerne sie es würde) gar nicht am Meer liegt? Doch, das gibt es: im Naturschutzgebiet Boberger Niederung im Südosten Hamburgs, einem herrlichen Revier für Wanderer und Spaziergänger. Dessen Attraktion sind die großen Sanddünen, die einen immer wieder hoffen lassen, dass sich hinter der nächsten Erhöhung endlich der Strand auftut.
Gegen Ende der letzten Eiszeit erodierten in Nordeuropa viele vegetationsfreie Urstromtäler, so auch an der Elbe, wo auf diese Weise mancherorts großflächige Sanddünen entstanden. Dabei waren die Boberger Dünen vor einem halben Jahrtausend sogar noch viel größer, bis zu 50 Meter hoch – doch dann kam der Mensch, versuchte Äcker zu bebauen und ließ rundherum Schafe weiden. Ende des 19. Jahrhunderts entstand hier eine Ziegelei, die eine ganze Menge Sand brauchte, und ein paar Jahrzehnte später wurde in noch größerem Stil Sand abtransportiert, unter anderem, um in Billwerder das Marschland künstlich aufzuschütten, und für den Bau der Eisenbahnstrecke von Hamburg nach Bergedorf. Als Letztes entstand dann mitten im Dünengelände auch noch ein Segelflugplatz.
Aber keine Angst: Für Spaziergänger ist noch genug Natur da. Am von der Loki-Schmidt-Stiftung betriebenen „Naturschutz-Informationshaus Boberger Niederung" geht es los, und ab hier kann man per geführter Tour oder auf eigene Faust über 300 Hektar reinste Natur erwandern. Und die besteht nicht nur aus Sand, sondern auch aus Marschland, Wald, Moor und einem Geesthang, auf dem wilde Orchideen wachsen. Zahlreiche seltene Tiere haben im Naturschutzgebiet ein Zuhause gefunden – Waldeidechsen und Eisvögel leben hier, Ameisenlöwen, Beutelmeisen und Ringelnattern. Manchmal hämmert sogar ein Grünspecht an einen Baum. Und wenn man sich dann nach dem Wandern im warmen Sand der Dünen ausruht und lautlos die Segelflugzeuge über einen hinweggleiten, hat das durchaus etwas Meditatives.

Informationshaus Boberg, Boberger Furt 50, 21033 Hamburg
www.loki-schmidt-stiftung/infohäuser
ÖPNV: Bus 221, Haltestelle Boberger Furtweg

Die alternative Partymeile

70 *Der Hamburger Berg*

Die Reeperbahn ist das Touristenmekka der Stadt, aber die interessanteren Orte finden sich, wie so oft, etwas abseits, in den Seitenstraßen. So auch hier: Der Hamburger Berg geht in Höhe des großen Casinos von der Reeperbahn ab, und er ist seit Jahrzehnten ein Fixpunkt vor allem der feiernden Studentinnen und Studenten. Während sich zwei Straßen weiter, in der Großen Freiheit, der Strom der feierwütigen Bustouristen hin- und herschiebt, geht es hier nach Anbruch der Dunkelheit ebenfalls lebhaft zu. Hier jedoch trifft man zumeist auf junge Hamburgerinnen und Hamburger. Gleich am Anfang der Straße liegt die inzwischen durch Heinz Strunks gleichnamigen Roman unsterblich gemachte Absturzkneipe „Zum Goldenen Handschuh", und daran schließen sich Tür an Tür diverse Kneipen und Clubs an, vom „Ex-Sparr" über „Rosi's Bar", den „Sommersalon", das „HeadCRASH" und die „Barbarabar" bis hin zum „Roschinsky's" und, ganz am Ende, zum „Blauen Peter". Welch ein Glück, dass man hier ganz zwanglos zu Musik abseits der Charts tanzen kann, und „zwanglos" heißt hier nicht zuletzt: gratis. Viele Clubs auf dem Hamburger Berg haben eine Tanzfläche, aber Eintritt zahlt man meist nicht – die Betreiber finanzieren ihre Läden durch den Verkauf ihrer Getränke.

Der etwas seltsam klingende Name der Straße verweist übrigens auf das 17. Jahrhundert. Da war dieses Gebiet noch nicht baulich erschlossen, stattdessen befand sich an dieser Stelle tatsächlich ein Berg, der Hamburg von Altona trennte, damals noch eine eigenständige Stadt. Als die Stadtherren aber beschlossen, zur Stadtbefestigung einen Wall aufzuschütten, wurde der Berg abgetragen, und im Zuge dessen wurde die Gegend zu Hamburger Stadtgebiet erklärt und besiedelt. Vor allem reiche Kaufleute bauten hier ihre Villen. 1833 wurde die Vorstadt mit dem Namen „Hamburger Berg" dann schließlich in St. Pauli umbenannt. An die damaligen Villen und aufwendigen Gärten erinnert heute nichts mehr, im Gegenteil – die Häuser stammen größtenteils vom Anfang des 20. Jahrhunderts.

Hamburger Berg, 20359 Hamburg, www.hamburg.de/hamburger-berg
ÖPNV: S1/S3, Haltestelle Reeperbahn

Zum Goldenen
Handschuh
BECK'S
RODEO

Von Ast zu Ast

71 *Der Kletterwald Hamburg*

Sicher, man sollte schon schwindelfrei sein, auch wenn man natürlich die ganze Zeit per Stahlseil gesichert ist. Aber der „Kletterwald" ist nun einmal für diejenigen da, die hoch hinauswollen – und die den seit vielen Generationen als Ausflugsziel beliebten Volksdorfer Wald mit seinen jahrhundertealten Buchen einmal aus anderer Perspektive kennenlernen wollen als immer nur vom Fußweg aus.

Also: Ticket gelöst, Helm auf, Sicherungsausrüstung an, der Einweisung durch das Personal gelauscht, und schon kann es losgehen. Auf einen der sieben Parcours, die mit viel Liebe zum Detail, mit Lianengängen, Netzen, schwebenden Brücken und nicht zuletzt mit großer Rücksicht auf die Natur angelegt worden sind. Während sich Anfänger den 2 Meter hohen „Niagara Trail" und danach vielleicht noch die schwankenden Seile des „Amazonas-Parcours" vornehmen, gibt es für Erfahrenere den „K2-Extrem" oder den „Nanga-Parbat". Besonders Mutige wagen die „Mount-Everest-Nordroute" oder erklimmen den in 10 Meter Höhe gelegenen „Hillary-Step", der den zusätzlichen Vorteil hat, dass man von hier aus auf den Rest des großen Geländes hinabblicken kann. Wie alle anderen Routen endet auch dieser mit dem sogenannten „Flying Fox", einer Seilbahn, die alle Kletternden heil wieder auf den Boden der Tatsachen zurückbringt (für viele ist die Seilbahnfahrt sogar ein Extra-Highlight).

TIPP Vor und nach dem Klettern stehen kalte Getränke und Bio-Kaffee, Laugenbrezeln, Müsliriegel und mehr bereit.

Wer sich mit Hochseilgärten auskennt, der wird ein Detail zu schätzen wissen, das der „Kletterwald" bietet und das auf ganz besondere Weise zur Sicherheit der Besucher beiträgt: das Umlaufsicherungs-System, bei dem es nicht mehr notwendig ist, sich beim Wechsel von einem Kletterelement zum nächsten mit dem Karabiner der Sicherheitsleine aus- und wieder einzuhaken und jedes Mal neu zu sichern. Hier bleibt die Sicherung dort, wo sie ist, vom Anfang bis zum Schluss. Das macht das Klettern noch einfacher, und gerade Anfänger können sich umso mehr auf den nächsten Schritt konzentrieren – und ungestört an der Natur um sich herum erfreuen.

Kletterwald Hamburg, Meiendorfer Weg 122–128, 22359 Hamburg
www.kletterwald-hamburg.com
ÖPNV: U1, Haltestelle Meiendorfer Weg

Flussfahrt leicht gemacht

72 *Rundfahrt mit der Hafenfähre 62*

Es ist kein Geheimnis, wie stolz die Hamburger auf ihre Stadt sind. Aber wenn es etwas gibt, das sie an ihrer Stadt möglicherweise ein wenig bedauern, dann die Tatsache, dass sie nicht am Meer liegt. Allerdings tut Hamburg immerhin einiges dafür, seine Bewohner diesen Umstand vergessen zu lassen: Nicht umsonst ist der Hafen eines der liebsten Ausflugsziele nicht nur der vielen Touristen, sondern auch der Hamburger. Die vielen Schiffe, von den kleinen Kuttern und Barkassen bis hin zu den Kreuzfahrtriesen und Containerschiffen, der Fischmarkt, die zahllosen Möwen, das Hochwasser ... Man könnte fast glauben, das Wasser im Hafen wäre salzig und nicht süß. Wer Hamburg besucht, kommt nicht drum herum, sich den Hafen anzusehen, und wie in jedem Hafen geht das besonders gut vom Wasser aus. Dazu kann man eine Hafenrundfahrt buchen – eine kommerzielle Standardtour oder die empfehlenswerte „alternative Hafenrundfahrt", bei der man über Themen wie die Vernetzung Hamburgs mit dem Welthandel oder die Kolonialgeschichte des Hafens informiert wird.

Es geht aber auch anders: mit den HVV-Hafenfähren, die ganz einfach mit dem normalen S- und U-Bahn-Fahrschein benutzt werden können. Wenn man ohnehin eine Tageskarte für den Hamburger ÖPNV gekauft hat, kann man die Fähren mit den 60er-Nummern einfach so besteigen, ansonsten stehen am Anleger Fahrkartenautomaten bereit. Eine der schönsten Strecken bietet die Hafenfähre 62. Man steigt St. Pauli Landungsbrücken ein, dann geht die Fahrt zunächst nach Neumühlen/Övelgönne und dann weiter ans andere Ufer der Elbe. Hier legt die Fähre nach einer knappen halben Stunde Fahrtzeit in Finkenwerder an, von wo aus das berühmte Alte Land auf Erkundigung wartet. Oder man steigt in die Fähre 64 um und fährt weiter bis nach Teufelsbrück, um wunderbare Spaziergänge zu unternehmen. Oder ganz einfach die nächste Fähre zurück zu den Landungsbrücken nehmen, sich aufs Oberdeck setzen und noch einmal den frischen Wind um die Nase wehen lassen.

Anleger Brücke 3, St. Pauli Landungsbrücken, 20359 Hamburg, www.hvv.de
ÖPNV: S1/S3, Haltestelle Landungsbrücken

Deutscher Ring
ST. PAULI
ST. PAULI

Céad míle fáilte!

73 *Auf ein Guinness in den „Irish Rover“*

Ende der 1970er ging es los mit den Pubs. Nachdem Irland ein paar Jahre Mitglied der Europäischen Gemeinschaft war, zogen die Iren in Scharen in die Großstädte auf dem Kontinent, um Kneipen aufzumachen. So auch in Hamburg, wo es heute rund ein Dutzend Irish Pubs gibt. Einer der gemütlichsten ist der „Irish Rover“ am Großneumarkt. Selbstverständlich gibt es hier die Pub-Standards wie Guinness und Kilkenny vom Fass, aber auch eine besonders umfangreiche Karte irischer und schottischer Whisk(e)ys, von günstig bis sündhaft teuer. Nicht zu vergessen: der „Irish Flag“ – ein Schnapsglas mit drei geheimen Zutaten, die zusammen die Farben der irischen Nationalflagge ergeben. Aber wer hierherkommt, sollte nicht nur trinken, sondern unbedingt auch essen: Zum Beispiel „Fish & Chips“, nach Wunsch mit Essig auf den Pommes Frites und einer genialen Gorgonzola-Mayonnaise im Schälchen, die „Seafood Chowder“ oder den unvergleichlichen „Cheddar Cheese Burger“ – comfort food nennt der Angelsachse solches leckeres Essen, das vielleicht nicht allzu gesund ist, aber dafür umso glücklicher macht. Jeden Donnerstag ist „Quiz Night“, eine weitere Pub-Tradition: Die Gäste tun sich zu Teams zusammen und beantworten mehrere Runden von Wissensfragen. Den Gewinnern winkt eine Flasche Whiskey, die – auch das ist Tradition – an alle Anwesenden ausgeschenkt wird. Das Quiz dauert mehrere Stunden, die Jagd nach Punkten macht eine Menge Spaß. Und keine Sorge, wenn Sie kein Fremdsprachentalent sind: Die Fragen werden auf Englisch und Deutsch gestellt. Wenn Sie teilnehmen wollen, sollten Sie aber schon eine ganze Weile da sein, bevor es um 20 Uhr losgeht – es wird jedes Mal rappelvoll. Richtig voll ist es im „Irish Rover“ auch am 17. März: Da feiern die Iren den „St. Patrick's Day“, und die Pubs im Ausland feiern selbstverständlich kräftig mit. Etwas gemütlicher, aber genauso authentisch geht es sonntagabends ab 19 Uhr zu: Da findet im Untergeschoss, dem „Celtic Cellar“, eine Live-Session mit irischer Folk-Musik statt.

TIPP Keine Lust auf Irish Folk? Der „Cotton Club“ am Alten Steinweg 10 um die Ecke ist seit 1971 eine der besten Hamburger Adressen für Live-Jazz

Irish Rover, Großneumarkt 8, 20459 Hamburg, www.irishrover.de
ÖPNV: S1/S3, Haltestelle Stadthausbrücke

PINT

Fachwerk in Hamburgs Süden

74 *Die Lämmertwiete*

Ein echtes Juwel ist diese gerade einmal 91 Meter lange Kopfsteinpflasterstraße im Hamburger Stadtteil Harburg südlich der Elbe. Hier steht ein Fachwerkhaus neben dem anderen – die Lämmertwiete ist das größte zusammenhängende Areal historischer Bausubstanz in Hamburgs Süden. Heute wird der überwiegende Teil der Gebäude für gastronomische Zwecke genutzt, was der Straße auch den Spitznamen „Schlemmertwiete" eingebracht hat. Die Lokale sind ganz international, unter anderem gibt es hier eine gute (und erstaunlich günstige) Pizzeria, ein indisches Restaurant, einen ausgezeichneten Burgerladen, ein brasilianisches Rodizio, ein Restaurant mit portugiesischen Spezialitäten und einen sehr stilechten Irish Pub, der prima hierher passt.
Das eigentlich Sehenswerte in der Lämmertwiete sind jedoch die Häuser selbst: Sechs davon stehen unter Denkmalschutz. Das älteste, die Hausnummer 10, stammt aus dem Jahr 1536 und wurde in den 1620er-Jahren um ein Stockwerk erweitert. Zu dieser Zeit existierte noch nicht einmal die Straße, die wurde erst 1650 angelegt. Fast genauso alt ist das Buntmauerwerk-Fachwerkhaus mit der Nummer 47, die Hausnummer 9 stammt von 1683. Ein paar der Bürgerhäuser in der Straße sind spätere Reproduktionen, die angefertigt werden mussten, nachdem die Stadt in den 1970ern beschloss, die Straße in eine Fußgängerzone umzuwandeln. Dennoch wurden sie sehr kunstvoll angefertigt und trüben den Gesamteindruck überhaupt nicht – die verwinkelten schiefen Räume und die schmucken Innenhöfe scheinen noch die gleichen wie im 17. Jahrhundert zu sein.
Eine Besonderheit ist das „Mayrsche Haus" (Nummer 14), das fast 350 Jahre lang in der 100 Meter entfernten Straße Kleiner Schippsee stand und Ende der 1960er-Jahre mit großem Aufwand in die Lämmertwiete versetzt wurde. Hier quartiert der „Verein Künstler zu Gast in Harburg e. V." seit 1986 regelmäßig bildende Künstler ein, die vom Verein ein Jahresstipendium erhalten und denen als Gastkünstler der Stadt eine Ausstellung und ein Katalog finanziert werden.

Lämmertwiete, 21073 Hamburg
ÖPNV: S3, Haltestelle Harburg Rathaus

Wurstmekka auf dem Kiez

75 *Leute gucken im „Lucullus"*

Hamburg ... oder doch Berlin? Der Streit darum, wo die Currywurst erfunden wurde, ist schon jahrzehntealt – und er wird unter Enthusiasten mindestens so leidenschaftlich geführt wie die Frage, wie groß und wie scharf die Currywurst sein muss und natürlich, wo es die beste Wurst gibt. Um es gleich vorwegzunehmen: Das „Lucullus" taucht nicht nur in diesem Buch auf, weil es hier besonders leckere Pommes, Würste und Buletten gibt. Doch warum dann?

Das hat mehrere Gründe. Zum einen ist es ein so traditionsreiches Etablissement, dass es jeder Hamburger und Nicht-Hamburger kennt. Kein Wunder bei dieser Lage, an der Ecke Reeperbahn/Davidstraße. Und diese Lage ist auch schon der zweite Grund: Hier kann man nämlich ganz wunderbar „Leute gucken". Wer das gerne tut, für den gibt es nichts Schöneres, als hinter der Glasfront zu stehen, in Wurst oder Pommes zu beißen, ein Bier in der Hand, und dem Volk zuzuschauen, das sich draußen vorbeischiebt, an der belebtesten Kreuzung der Stadt – vielleicht auch im ganzen Land. Mehrere Millionen Touristinnen und Touristen besuchen jedes Jahr die Reeperbahn, und die meisten dürften hier vorbeikommen – von den Einheimischen, die abends tanzen oder trinken gehen, ganz zu schweigen.

Bis in den Morgen wird im „Lucullus" gearbeitet, wenn die Sonne längst schon wieder aufgegangen ist und auch die letzten Junggesellinnenabschiede, Paradiesvögel, Rocker und Prostituierten auf Kundenfang das Handtuch geworfen haben. Klar, dass der Laden länger aufhat als die meisten anderen: Dass man, wenn der Club zumacht und einen der Hunger plagt, im „Lucullus" noch eine Wurst isst, hat eben Tradition.

Und wo wurde die Currywurst nun erfunden? Für den Hamburger gibt es da nur eine Antwort: 1947, also zwei Jahre vor der Berliner Wurst, in einer Bude am Großneumarkt, genau wie Uwe Timm es in seinem Roman „Die Entdeckung der Currywurst" erzählt. Es gibt keine realen Belege dafür, aber das schieben wir gerne großzügig beiseite.

TIPP

Ein paar Straßen weiter, bei „VU", gibt es die beste Pho (vietnamesische Nudelsuppe) der Stadt. Um die Brühe herzustellen, kocht der Küchenchef das Fleisch 20 Stunden lang. Ein absoluter Tipp für Asia-Fans!

Lucullus, Reeperbahn 75, 20359 Hamburg
ÖPNV: S1/S3, Haltestelle Reeperbahn

76 *Die Fischbeker Heide*

Warum in die Lüneburger Heide fahren? Echtes „Heide-Feeling“ gibt es auch auf Hamburger Grund und Boden, im Stadtteil Neugraben-Fischbek südlich der Elbe. Mit 773 Hektar ist das Naturschutzgebiet die zweitgrößte Heidelandschaft Norddeutschlands. Genau wie die Lüneburger ist auch die Fischbeker Heide eine Kulturlandschaft, also von Menschen gemacht. Bereits 3000 v. Chr. betrieb man auf den norddeutschen Geestböden Landwirtschaft und begann, die hiesigen Wälder zu roden. Als die ehemals dichten Birken- und Eichenwälder verschwunden waren, entstand die Landschaft mit den typischen Heidekrautgewächsen, wo die Menschen dann vor allem Imkerei und Schnuckenwirtschaft betrieben. Heute werden alle paar Jahre die nachwachsenden Bäume entfernt, um den Charakter der Heidelandschaft zu bewahren. Denn in der Heide sind inzwischen viele seltene Pflanzen und Tiere heimisch, die auf diesen speziellen Lebensraum angewiesen sind. Neben dem Heidekraut wachsen hier Sonnentau, Schnabelried und Ährenlilien, zur hiesigen Tierwelt gehören Heidelibelle, Zauneidechse, Heidelerche und über 140 verschiedene Spinnenarten. Im „Naturschutz-Informationshaus“ der Loki-Schmidt-Stiftung, einem ehemaligen Schafstall, erfährt man dank liebevoll gestalteter Dioramen und Schautafeln viel Wissenswertes rund um Flora und Fauna.
Dabei ist die Fischbeker Heide mehr als ein Naherholungsgebiet mit wunderbarer Natur, sie ist zugleich ein lohnendes Ziel für alle, die an Frühgeschichte und Archäologie interessiert sind. Hier befindet sich der größte erhaltene Bestand an oberirdisch sichtbaren Bodendenkmälern aus der Steinzeit, der Eisen- und Bronzezeit, darunter mehr als zwei Dutzend Grabhügel aus der Bronzezeit und ein kompletter eisenzeitlicher Urnenfriedhof. Damit Besucher diese Denkmäler erkunden können, hat das Harburger „Helms-Museum“ einen „Archäologischen Wanderpfad“ eingerichtet, der mit einem Dutzend Informationstafeln ausgestattet ist, die die Besucher mit detaillierten Informationen zu den Funden versorgen.

Naturschutz-Informationshaus „Schafstall“, Fischbeker Heideweg 43, 21149 Hamburg
ÖPNV: Bus 250, Haltestelle Fischbeker Heideweg

Zuhause bei den Underdogs

77 *Das Millerntor-Stadion*

Der FC St. Pauli ist ein Phänomen. Es gibt in Deutschland keinen Fußballverein, der so viele Anhänger hat, die gar keine Fußballfans sind. Jeder Zweite, der mit Totenschädel und „St. Pauli"-Schriftzug auf dem Kapuzenpullover herumläuft, wird auf Nachfrage nicht wissen, auf welchem Tabellenplatz sich der FC St. Pauli gerade befindet. Vielleicht sogar nicht, in welcher Liga, denn der Verein ist jetzt schon seit Jahrzehnten notorisch glücklos. Vor ein paar Jahren hätte es beinahe geklappt, und St. Pauli wäre in die erste Bundesliga auf- und der HSV zugleich in die zweite abgestiegen. Aber am Ende hatte der Fußballgott andere Pläne.

Überhaupt, der HSV: Die Rivalität zwischen dem Verein mit der Raute und dem Kiezclub ist nicht nur die Konkurrenz zwischen einem blau-weißen und einem braun-weißen Sportverein. Hier prallen zwei Welten aufeinander: Auf der einen Seite der konservative, ein wenig langweilige Verein mit dem hohem Trainerverschleiß und Lotto King Karl als Markenbotschafter (*Hamburg, meine Perle*). Auf der anderen Seite die Alternativ-Kicker, zu deren Anhängern Bela B. von den „Ärzten" zählt und für die die mexikanische Kult-Band Panteón Rococó den Hans-Albers-Evergreen *Das Herz von Sankt Pauli* neu aufgenommen hat.

Wer sich im Millerntor-Stadion schon einmal ein Spiel angeschaut hat, vergisst es nicht mehr, selbst wenn er sich überhaupt nicht für Fußball interessiert. Seit dem letzten Umbau passen hier rund 30.000 Zuschauer hinein, und dass das Stadion regelmäßig voll ist, selbst wenn nur ein Standardspiel gegen einen unbedeutenden Verein auf dem Programm steht, liegt an der Stimmung. Wenn es losgeht und der Anfang von „Hells Bells" von AC/DC aus den Lautsprechern dröhnt, verwandelt sich das Stadion – vor allem die Südkurve mit den Fans von „Ultrà Sankt Pauli" – in einen Hexenkessel. Als Außenstehender versteht man nicht alle Rituale und Sprechchöre, aber Gänsehaut ist trotzdem garantiert. Ganz gleich, ob St. Pauli in der ersten, zweiten oder dritten Liga spielt.

TIPP

Auch ohne Eintrittskarte kann jeder (fast) hautnah dabei sein, wenn St. Pauli spielt: im „St. Pauli Clubheim" im Erdgeschoss des Stadiongebäudes. Hier werden alle Partien live auf mehreren Bildschirmen übertragen. Dazu ganz stilecht: ein kühles Astra.

Millerntor-Stadion, Harald-Stender-Platz 1, 20359 Hamburg, www.fcstpauli.com
ÖPNV: U3, Haltestelle St. Pauli

FC ST. PAULI
1910
So., 31.5.2015
FC ST. PAULI
1910

Poppenbüttel goes Kitzbühel

78 *Zu Gast in „Stocks Kaminstube"*

Der Hamburger an sich hat es zwar nicht so mit dem Wintersport, doch Ausnahmen bestätigen die Regel – so zum Beispiel Jan Michaelis, der auf dem Snowboard zweimal den Halfpipe-Weltcup gewonnen hat. Oder Heiko Stock, der leidenschaftlich Ski läuft. Allerdings nur im Urlaub, von Beruf ist er Koch. Sternekoch, um genau zu sein. Und Inhaber des ganz selbstbewusst „Stocks" getauften Fisch- und Sushirestaurants in einem urigen Reetdachhaus in Poppenbüttel, das der gebürtige Hamburger im Jahr 2001 eröffnet hat, nachdem er ein paar Jahre vor den Toren der Stadt tätig war. Im zehnten Erfolgsjahr mit dem „Stocks" beschloss er, im eigenen Haus neue Ufer anzusteuern – und dafür sollte sein Hobby Pate stehen. Auslöser war ein Urlaub in Kitzbühel. Das urige Hütten-Flair hatte Heiko Stock so gut gefallen, dass er (mithilfe von Tiroler Architekten) kurzerhand im Obergeschoss des Hauses seine Version einer Tiroler Almhütte schuf.

Seit 2011 lädt „Stocks Kaminstube" an den prasselnden Kamin. Man sitzt auf Kuh- und Schaffellen an Tischen, die aus dem uralten Holz österreichischer Heustadeln gezimmert wurden. Trotzdem ist die Einrichtung modern und zeitgemäß, es herrscht kein dunkler Muff, sondern alles ist licht und hell, im Sommer lädt die Dachterrasse zum Sitzen ein. Und die Deko, bei der neben Hirschgeweih und Kuhglocke auch mal ein Rettungsring hängt, zeigt den Sinn für Humor, den derjenige braucht, der in Hamburg eine Almhütte nachbaut.

Das Beste an „Stocks Kaminstube" ist aber – wie bei einem Restaurant auch zu hoffen – das Essen. Man genießt hier sozusagen das Beste aus zwei Welten: Fisch und Sushi, vom Lachs-Sashimi an Trüffel-Ponzu bis zum Zanderfilet mit Rahmsauerkraut, aber auch Deftiges wie „auf der Hütt'n" – von der Spanferkelhaxe über die Bauernente bis hin zum Tiroler Zwiebelrostbraten, alles natürlich mit dem leckeren „Stocks Püree". Dabei sind die Preise für einen mit einem Michelin-Stern ausgezeichneten Koch erstaunlich moderat.

Stocks Kaminstube, An der Alsterschleife 3, 22399 Hamburg
www.stocks.de/kaminstube
ÖPNV: Bus 276, Haltestelle Maike-Harder-Weg

STOCK
STOCK

Das Erbe der Gartenschau

79 *Der Wilhelmsburger Inselpark*

Schon Hamburgs berühmtester Park in der Innenstadt, „Planten un Blomen", ist gewissermaßen eine Hinterlassenschaft der Internationalen Gartenbauausstellung. Die letzten großen Umbauten dort fanden im Rahmen der IGA 1973 statt. Als Hamburg nach 40 Jahren Pause wieder eine solche Ausstellung ausrichtete, die „Internationale Gartenschau 2013", beschloss man, dieses Mal ein neues Gelände zu bauen, und die Wahl fiel auf das zu Unrecht von vielen Hamburgern oft stiefmütterlich behandelte Wilhelmsburg. Hamburg-Wilhelmsburg ist Europas größte Flussinsel. Galt der Stadtteil früher als wenig ansehnlicher Arbeiterbezirk, hat er sich in den vergangenen zehn Jahren stark gewandelt, weil aufgrund des bezahlbaren Wohnraums zahlreiche Studenten hierhergezogen sind. Und „jwd" liegt er im Grunde auch nicht: Vom Hauptbahnhof aus sind es nur wenige Minuten mit der S-Bahn bis Wilhelmsburg.
Mit der IGS 2013 sollte dem Stadtteil noch mehr (sozusagen „offizieller") Schwung verliehen werden. So schuf man den 100 Hektar großen „Inselpark" mit abwechslungsreichen Spiel- und Sportflächen, Blumenbeeten, Wäldern und Wasserspielen. Leider war die IGS an sich ein ziemlicher Flop. Dass von den anvisierten 2,5 Millionen Besuchern nicht einmal die Hälfte kam, lag allerdings weniger an der Lage des Gartenschau-Geländes, sondern einerseits am miesen Wetter in jenem Frühjahr und Sommer, vor allem aber am zu teuren Eintritt: 21 Euro mussten Erwachsene bezahlen, Kinder ab sechs Jahren 6 Euro. Wollte eine vierköpfige Familie dann auch noch mit der Schwebebahn fahren, der großen Attraktionen des Parks, musste sie insgesamt 74 Euro für den Besuch berappen.
Umso erfreulicher, dass der Park seit Herbst 2013 völlig gratis und franko zugänglich ist. Dabei geht sein Konzept mit den zwei Schwerpunkten „Natur und Garten" und „Sport und Bewegung" ganz wunderbar auf – für Ersteres stehen Liegewiesen, Gartenanlagen und Grillplätze, für Letzteres diverse Spielplätze, ein Hochseilgarten, eine Kletterhalle und vieles mehr parat. Sogar Kanu fahren kann man im „Inselpark".

Wilhelmsburger Inselpark, Am Inselpark, 21109 Hamburg, www.inselpark.hamburg
ÖPNV: Bus 13, Haltestelle Inselpark

Neubürger aus der Steinzeit

80 *Alter Schwede*

Je größer die Containerschiffe werden, desto mehr muss die Fahrrinne der Elbe vertieft werden. Hatten sie in den 1960er-Jahren noch einen Tiefgang von 9 Metern, so sind es heute bereits 16 Meter. Dafür reicht die Elbe zeitweise zwar immer noch aus, aber da sie den Gezeiten unterliegt, musste und muss immer wieder künstlich nachgeholfen werden. Andernfalls müssten sich die Containerschiffe terminlich an Ebbe und Flut anpassen, und das ist den Reedereien offenbar nicht zuzumuten. Stattdessen nimmt man in Kauf, die gerade erst gerettete Flora und Fauna erneut nachhaltig zu schädigen.

Auch 1999 wurde eine Elbvertiefung durchführt, und dabei stieß ein Bagger in Övelgönne auf einen wahren Koloss: einen über 4 Meter hohen Fels von mehr als 200 Tonnen Gewicht und fast 20 Metern Umfang. Der Findling wurde auf den Strand gehievt und galt schnell als Sensation – ein Stein solcher Größe taucht schließlich nicht alle Tage auf. Tatsächlich ist er einer der größten Findlinge Norddeutschlands, größer als der Düvelstein bei Kiel und der Schwanenstein auf Rügen. Anhand des Mineralbestands fanden die Geologen heraus, dass er aus Växjö-Granit besteht. Er stammt also aus Småland, der südschwedischen Heimat von Michel aus Lönneberga. An die 1000 Kilometer könnte er vor 400.000 Jahren von dort bis Hamburg zurückgelegt haben.

Die Hamburger schlossen den Findling schnell ins Herz und tauften ihn (naheliegenderweise) „Alter Schwede". Im Jahr 2000 wurde der Einwanderer dann sogar offiziell von der Stadt Hamburg eingebürgert, in einer festlichen Zeremonie mit der Zweiten Bürgermeisterin, dem schwedischen Generalkonsul und dem Pastor der schwedischen Gustaf-Adolfs-Kirche. Der „Alte Schwede" steht an einem der schönsten Strandabschnitte des nördlichen Elbufers, und wenn er zu etwas nütze ist, dann vielleicht, uns daran zu erinnern, dass der Mensch in der Erdgeschichte nur ein kleines Staubkorn darstellt. Und vielleicht gerade deshalb darauf achten sollte, die Natur zu bewahren, anstatt sie immer weiter zu zerstören.

Hans-Leip-Ufer, 22605 Hamburg
ÖPNV: Bus 112, Haltestelle Neumühlen/Övelgönne

Bibliografische Informationen der Deutschen Nationalbibliothek
Die Deutsche Nationalbibliothek verzeichnet diese Publikation in der Deutschen Nationalbibliografie; detaillierte bibliografische Daten sind im Internet über http://dnb.d-nb.de abrufbar.

7. Auflage 2019
Konzeption/Satz: Droste Verlag, Düsseldorf
Einbandgestaltung und Illustrationen: Britta Rungwerth, Düsseldorf unter Verwendung von Bildern von © Fotolia.com: jd – photodesign.de; © iStock: Plociennik Robert
Fotos: Cornelius Hartz, außer:
S. 9: Bastian Hertel, S. 11: Miniatur Wunderland, S. 13: Ti Breizh, S. 15 und 25: Isabel Bogdan, S. 17: Kauf Dich Glücklich, S. 21: Thomas Wolf/www.foto-tw.de, S. 29: Freilichtmuseum am Kiekeberg, S. 31: Ronald Schauer, S. 33: Wikimedia, CC-by-SA 3.0/Ralf Roletschek, S. 35: Felix Matthies/felixmatthies.com, S. 37: Frieder Blickle, Hamburg, S. 45: www.mediaserver.hamburg.de/Christian Spahrbier, S. 47: Catrin Prange, S. 53: Wikimedia, CC-by-SA 4.0/Corradox, S. 57: Wikimedia, CC-by-SA 2.0/Dronepicr, S. 59: Wikimedia, CC-by-SA 2.0/GeorgHH, S. 61: Wikimedia, CC-by-SA 3.0/Holger Ellgaard, S. 63: Wikimedia, CC-by-SA 3.0/Flamenc, S. 65: Marius Röer, S. 67: © Starpics/Fotolia, S. 71: Wikimedia, CC-by-SA 4.0/Pauli-Pirat, S. 75: Anna-Lena Ehlers, S. 77: Bianca Jarske, S. 83: Wikimedia, CC-by-SA 4.0/Corradox, S. 85: Nochtspeicher, S. 89: Spicy's Gewürzmuseum, S. 91: Die Lakritzerie, S. 93: Wikimedia, CC-by-SA 4.0/Dietmar Rabich, S. 97: Bäderland Hamburg, S. 99: Eiszeit, S. 103: Wikimedia, CC-by-SA 4.0/DerHexer, S. 105: ALEX Gaststätten Gesellschaft mbH & Co. KG, S. 113: © Claus Schlüter/Fotolia, S. 121: Wikimedia, CC-by-SA 4.0/AltSylt, S. 123: Wikimedia, CC-by-SA 4.0/M. Krafft, S. 129: Mathias Kröning, S. 133: Alex Lipp, S. 135: Wikimedia, CC-by-SA 3.0/Wickler, S. 139: Wikimedia, CC-by-SA 3.0/Panoramio, S. 143: Ulrike Rohr, S. 145: Wikimedia, CC-by-SA 3.0/NordNordWest, S. 149: Kletterwald Hamburg, S. 151: © Bernd Kröger/Fotolia, S. 153: © Patricia/Fotolia, S. 159: Wikimedia, CC-by-SA 4.0/Freigeist 2016, S. 165: Wikimedia, CC-by-SA 3.0/Dirtsc
Druck und Bindung: Gutenberg Beuys Feindruckerei GmbH, Langenhagen
ISBN 978-3-7700-2033-1

www.drosteverlag.de